Schottland

Katja Wündrich arbeitet als Autorin und Reiseleiterin in Edinburgh. 2007 gründete sie die Agentur Wind & Cloud Travel für Wander- und Whiskyreisen. Den Vorgängerband schrieb John Sykes.

Familientipps

Diese Unterkünfte haben behindertengerechte Zimmer

Ziele in der Umgebung

Preise für ein Doppelzimmer mit Frühstück:

€€€€ ab 180 £   €€ ab 90 £
€€€ ab 150 £   € bis 90 £

Preise für ein dreigängiges Menü ohne Getränke:

€€€€ ab 38 £   €€ ab 15 £
€€€ ab 28 £   € bis 15 £

Inhalt

◂ Perle zwischen Küste und Bergen:
das Fischerdorf Pennan in Aberdeenshire.

Unterwegs in Schottland 28

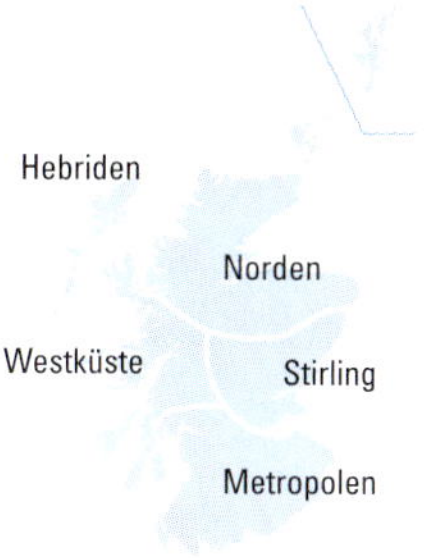

Hebriden
Norden
Westküste
Stirling
Metropolen

Touren und Ausflüge 84

Wissenswertes über Schottland 92

Karten und Pläne

Die Koordinaten im Text verweisen auf die Karten, z. B. ▸ S. 118, B 21.

Willkommen in Schottland

Geheimnisumwitterte Hochmoore und Seen, spektakuläre Burgruinen und keltisches Erbe locken Besucher an.

Lässt man die Metropolen des schottischen Flachlandes, der Lowlands, hinter sich, hat man zwei Möglichkeiten, in die Highlands und den schottischen Norden zu fahren. Entweder über die A9, die wichtigste Fernstraße des Landes, die sich über die lieblichen Waldlandschaften Perthshires und die kargen Granitgeröllplateaus des Cairngorm Nationalparks bis nach Inverness wälzt. Oder die A82, die über Hochmoore, gigantische Bergschluchten und die tief ins Hinterland eingreifenden Meeresarme der Westküste die Hauptstadt der Highlands erreicht. Fährt man weiter nördlich von Inverness, findet man sich einer Weite

und Einsamkeit gegenüber, die bereits Theodor Fontane in seinem Reisetagebuch als verstörend und poetisch zugleich beschrieb.

Keltische Kultur

Die Landschaft der Northwest Highlands zählt zu den bevölkerungsärmsten, ältesten und schönsten Landschaften Europas. Diese scheint in uns Deutschen eine geheime Sehnsucht zum Schwingen zu bringen, die in unzähligen Internetforen, Büchern, Bildbänden und Dokumentationen zum Ausdruck kommt. Schottland ist eines der Lieblingsländer der Deutschen, die zu den zweithäufigsten Besuchern

Beim Hebridean Celtic Festival (▶ S. 23) auf der Isle of Lewis erwacht keltisches Erbe zu neuem Leben.

des 77 870 Quadratkilometer kleinen Landes zählen. Auf die Frage, was uns an Schottland fasziniert, erhält man die immer gleichen Antworten: die keltische Kultur und tiefe geschichtliche Verwurzelung mit einigen der historisch bedeutsamsten Stätten Europas. Die gälische Sprache, die zwar nur noch von 1 % der Bevölkerung gesprochen, aber neuerdings von staatlicher Seite wieder gefördert wird. Die Geologie, wonach einige der Steine, die man im Hochland findet, aus der Epoche der Erdentstehung stammen und mehr als vier Milliarden Jahre alt sind. Auch das aktuelle Ringen um die Akzeptanz und Bewahrung schottischer Identität, die sich im Unabhängigkeitsbestreben widerspiegelt, ruft Erstaunen hervor. Und natürlich die unvergleichliche Landschaft. Ihre Kargheit, Weite und herbe Schönheit, ihre endlos scheinenden Hochebenen, mit den Flickenteppichen der Heide und Farne gemustert, die von Bergen eingesäumten Moorlandschaften, die dunkel schweigenden Seen und Meeresarme, das Kreischen der Möwen, die Luft, die nach Salz und Freiheit riecht. Es ist die Urgewalt der Natur, die uns anzieht, das Tosen zweier Ozeane, das Bollwerk von mehr als 800 Inseln, die das Land umgrenzen, und nicht zuletzt die gigantischen Wolkenformationen, das Wetter und der Wind, der sein wütendes, launisches Spiel treibt. Einige Ecken des Landes wie der »Butt« im Norden der Hebriden-Insel Lewis zählen zu den stürmischsten

Europas. Mehr als vier Monate im Jahr kann man hier eine Windstärke von mehr als 8 messen. Nicht umsonst sind Windturbinen die am schnellsten wachsende grüne Technologie des Landes.

Himmel und Hölle

Aufgrund seiner Geografie und einigen dramatischen Ereignissen der Geschichte ist Schottland heute eines der am dünnsten besiedelten Länder Europas. Die Abgelegenheit und Zivilisationsferne vieler Gemeinden in Schottland ist für uns fremd und anziehend zugleich. Knoydart beispielsweise ist eine der unberührtesten Ecken im Westen des Landes und wird oft als die »letzte Wildnis Schottlands« beschrieben. Eingezwängt zwischen den Meeresfjorden Loch Nevis und Loch Hourn soll die Halbinsel laut gälischer Mythologie sprichwörtlich zwischen Himmel und Hölle liegen. Die Ortschaft erreicht man nur auf einem zweitägigen Fußmarsch durch eine wilde Berglandschaft oder mit dem Boot. Die acht Kilometer lange Straße des Ortes verbindet ein paar verstreute, weiß getünchte Steinhäuser. Einmal am Tag legt ein kleines Boot aus Mallaig an. Dann scheint der ganze Ort zusammenzutreffen, denn das Boot bringt nicht nur Post und Zeitungen, sondern auch den neuesten Klatsch an Land. Später zieht die Meute ins Old Forge, laut Guinness Buch der Rekorde das abgelegenste Pub des britischen Festlandes. Man feiert und trinkt hier, mit Freunden, Nachbarn und Fremden. Auch das ist etwas, was Schottland ausmacht: seine Gastfreundschaft. »Ceud mìle fàilte« – Hunderttausend Male willkommen!

MERIAN-TopTen MERIAN zeigt Ihnen
die Höhepunkte des Landes: Das sollten Sie sich bei Ihrem
Besuch in Schottland nicht entgehen lassen.

Braemar Games
Beim berühmtesten aller Hochlandfestspiele dominieren Dudelsack und Tanzwettbewerbe (▸ S. 23, 55, 88).

Edinburgh
UNESCO-Erbe: Mittelalter-Flair der Oldtown und adelige Schönheit der georgianischen Newtown (▸ S. 31).

Burrell Collection, Glasgow
Die Kunstschätze des Schifffahrtmagnaten William Burrell sind heute frei zugänglich (▸ S. 40).

Stirling Castle
Das Tor zu den Highlands. Wer die Burg beherrschte, kontrollierte die Macht (▸ S. 47).

Dunnottar Castle
Die dramatisch vom Meer umkämpfte Trutzburg war die Schatzkammer des schottischen Reiches (▸ S. 55).

Zugfahrt mit der »West Highland Line«
Die Fahrt von Fort William nach Mallaig wurde unlängst zur schönsten Zugstrecke der Welt gekürt (▸ S. 62, 91).

10

7 **Insel Skye**

Bizarre Landschaftsforma-
tionen und alpine Gebirgs-
stöcke auf der berühmtesten
Insel der Inneren Hebriden
(▸ S. 65).

8 **Inverewe Gardens**

Mediterrane Üppigkeit, die
der Lage am Gulfstrom zu
verdanken ist, bezaubert im
nördlichsten Garten der Insel
(▸ S. 73).

9 **Calanais Standing Stones**

Nach Stonehenge ist dieser
Steinkreis die bedeutendste keltische Kultstätte der
Britischen Inseln (▸ S. 75,
77).

10 **Skara Brae auf Orkney**

Ein Sandsturm legte 1850
die bedeutendste prähistori-
sche Stätte des Landes frei
(▸ S. 79).

1

9

MERIAN-Tipps Mit MERIAN mehr erleben.

Nehmen Sie teil am Leben des Landes und entdecken Sie Schottland, wie es nur Einheimische kennen.

 Gleneagles Hotel, Auchterarder
Zum Golfplatz von Weltruf gehört ein ebenso exklusives Hotel (▸ S. 13).

 The Peat Inn, Cupar
Beste Zutaten aus Wald, Feld und Meer, gepaart mit französischer »Haute Cuisine« (▸ S. 15).

 Loch Fyne Oyster Bar, Cairndow
Restaurant und Shop am Loch Fyne sind für Austern und andere Kulinaria bekannt (▸ S. 21).

 The Museum of Scotland, Edinburgh
Kunstschätze und Landesgeschichte zeugen vom Nationalbewusstsein der Schotten (▸ S. 34).

 Charles Rennie Mackintosh
Seine Architektur, die den europäischen Jugendstil inspirierte, ist in und um Glasgow zu sehen (▸ S. 40).

 New Lanark
Das über 200 Jahre alte Industriedenkmal zählt seit 2001 zum UNESCO-Weltkulturerbe (▸ S. 42).

7 Loch Shiel und Glenfinnan
Hier nahm eine bedeutende Episode schottischer Geschichte, der Jakobitenaufstand von 1745, ihren Anfang (▸ S. 65).

8 Glen Affric
Wandern in einem der landschaftlich eindrucksvollsten Täler Schottlands, wo der Fluss Affric entspringt (▸ S. 70).

9 Strände auf Lewis und Harris
Die Äußeren Hebriden locken mit herrlich einsamen Sandstränden und glasklarem Wasser (▸ S. 75).

10 Maes Howe
Dem mit Wikinger-Runen verzierten Steinzeitgrab kann man auf der Orkney-Insel Mainland einen Besuch abstatten (▸ S. 78).

Gemütliche Pubs in altehrwürdigem viktorianischen Gemäuer, wie hier in der Rose Street, tragen zum lebhaften Flair Edinburghs bei (▶ S. 31).

Zu Gast **in Schottland**

Möchten Sie im Golfhotel übernachten und einen
Designer-Schottenrock kaufen? Oder keltische Feste
feiern, Insel-Whisky trinken und Moorhuhn essen?
Wo und wann, erfahren Sie hier.

Übernachten
Luxuriöse Golf- oder Designer-
hotels warten in Schottland ebenso auf Sie wie Clan-
Burgen mit Schlossgespenst oder Bed & Breakfast mit herz-
lichem Familienanschluss.

◄ Nostalgie und Luxus gehen im Prestonfield House Hotel (▶ S. 35) in Edinburgh eine gelungene Verbindung ein.

Wer echte schottische Gastfreundschaft erlebt, erkennt rasch, dass am sprichwörtlichen Geiz der Schotten nichts dran ist. Auch wenn es vereinzelt altmodische Hotelbetriebe gibt, die eine kundenorientierte Einstellung noch nicht verinnerlicht haben, erwartet den Gast meist ein herzlicher Empfang.

Am oberen Ende der Skala halten Golf- und Landhaushotels eine lang etablierte Tradition des gediegenen Luxus hoch. Vor allem weltberühmte **Golfplätze** wie St. Andrews, Gleneagles und Muirfield ziehen wohlhabende Besucher zu den angeschlossenen Hotels, während zu Herbergen umgebaute Landhäuser ihren Kunden beliebte Highland-Aktivitäten wie die Jagd und das Angeln in herrlicher Umgebung anbieten.

In Glasgow und Edinburgh findet ein weltoffenes Publikum Designer-Hotels mit kreativer, geschmackvoller Einrichtung.

Über die Tourismusorganisation Visit Scotland kann man telefonisch und online buchen: www.visitscotland.com. www.luxuryscotland.co.uk ist eine gute Quelle für Unterkunft der oberen Klasse.

Üppiges Frühstück inbegriffen

Bed & Breakfast bietet die Möglichkeit, das Leben schottischer Familien aus nächster Nähe zu erleben. Hier kann man mit einem üppigen Frühstück rechnen und nicht selten in einem Zimmer übernachten, das so komfortabel wie ein Hotel der Mittelklasse ist. Wer eine solche Un-

MERIAN-Tipp **1**

GLENEAGLES HOTEL
▶ S. 114, B 16

Das berühmte Golfhotel mit drei 18-Loch-Golfplätzen, einem wunderschönen, 350 ha großen Park und dem Restaurant des Starkochs Andrew Fairlie (Tel. 0 17 64/ 69 42 67) war als Vorzeigehotel für Besucher höchsten Ranges im Juli 2005 Schauplatz des G8-Gipfels. Auchterarder, Tayside • Tel. 0 17 64/66 22 31 • www.gleneagles.com • 269 Zimmer • €€€€
24 km südwestl. von Perth

terkunft sucht, wird unter www.scotlandsbestbandbs.co.uk (auch deutschsprachig) sicher fündig.

Familien und Gruppen finden ein reichhaltiges Angebot an Ferienwohnungen. Auch hier gibt es einfache wie auch luxuriös eingerichtete Häuser in verschiedenen Preisklassen. Scottish Country Cottages (www.scottish country-cottages.co.uk) hat 400 Häuser im Programm. Für Qualität bürgen die Unterkünfte von Ecosse Unique (www.uniquescotland.com).

In Schottland ist das Frühstück meistens im Preis inbegriffen. In der Hauptsaison (Juli bis August) ist es besonders ratsam, ein Zimmer vorzubestellen.

Empfehlenswerte Hotels und andere Unterkünfte finden Sie bei den Orten im Kapitel ▶ Unterwegs in Schottland.

Preise für ein Doppelzimmer mit Frühstück:

€€€€ ab 180 £	€€ ab 90 £
€€€ ab 150 £	€ bis 90 £

Essen und Trinken
Ein deftiges Frühstück mit »porridge«, »black pudding« und »kippers« (Räucherfisch) stärkt für den Tag. Am Abend locken hingegen Lachs, Lamm, Wild und … Whisky.

◄ Fish & Chips: Das Fish Restaurant Anstruther (▸ S. 53) ist für seine üppigen Portionen bekannt.

Die Gastronomie in Schottland ist besser als ihr Ruf. Zwar sind die Essgewohnheiten in den Arbeitervierteln immer noch der Albtraum jedes Ernährungsberaters, aber wirtschaftliches Wachstum und ausländische Köche beeinflussen heute, was auf schottische Teller kommt. »Crossover Cooking« nennt man den kulinarischen Trend vor allem in den Städten, der mit traditionellen Zutaten und internationalen Gewürzen experimentiert.

Die Voraussetzungen für kulinarische Hochleistungen sind gegeben. Die Flüsse, Meere und Lochs sind voll mit **Meeresfrüchten und Fisch**. Die grüne Hügellandschaft liefert vorzügliches **Lamm- und Rindfleisch**. Sogar der Hafer erweist sich als Köstlichkeit, wenn man zum Frühstück einen mit Sahne zubereiteten Whisky-**Porridge** bestellt, der mit dem schweren Haferbrei von einst nur wenig gemein hat.

Gut gestärkt beginnt der Tag mit einem »Scottish breakfast«. Dazu gehören neben Speck, Eiern und gebratenen Würstchen häufig Gerichte wie »black pudding« (Blutwurst), »porridge«, »kippers« (Bückling) oder »arbroath smokies« (geräucherter Schellfisch). Eine andere Variante ist das »continental breakfast«, halb so teuer wie das schottische und auch nur halb so gut.

Haggis und Whisky

Sucht man beim Hauptgericht eine **landestypische Spezialität**, bietet sich neben Rindfleisch auch Wild an. Gut zubereiteter »grouse«

MERIAN-Tipp

THE PEAT INN   ▸ S. 114, C 16

Man nehme die frischesten Zutaten der Saison aus Schottland und lasse sich von Köchen aus Frankreich inspirieren. Als das Ehepaar Wilson vor 30 Jahren eine Dorfkneipe übernahm, war dieses Erfolgsrezept eine neue Idee. Seitdem hat The Peat Inn viele Nachahmer gefunden. Fisch und Meeresfrüchte, Wild und Lammfleisch nehmen einen wichtigen Platz auf der Speisekarte ein. The Peat Inn hat 2006 den Besitzer gewechselt, bleibt aber unter der Leitung von Geoffrey Smeddle eins der besten schottischen Restaurants. Cupar, Fife • Tel. 0 13 34/ 84 02 06 • www.thepeatinn.co. uk • So, Mo geschl. • 8 Zimmer • €€€

(Moorhuhn) schmeckt köstlich, auch Fasan steht auf vielen Speisekarten. Das **Nationalgericht** der Schotten heißt »haggis« und besteht aus Schafs- oder Schweine-Innereien. Dazu werden gestampfte Kartoffeln (»tatties«) und Steckrüben (»neeps«) gereicht. Bei **Getränken** wartet Schottland mit einem internationalen Spitzenprodukt auf: Whisky (▸ Im Fokus, S. 44). Das Wasser dazu liefern die unzähligen glasklaren Flüsse des Landes.

Empfehlenswerte Restaurants finden Sie bei den Orten im Kapitel ▸ **Unterwegs in Schottland**.

Preise für ein dreigängiges Menü:

€€€€ ab 38 £	€€ ab 15 £
€€€ ab 28 £	€ bis 15 £

grüner
reisen

Wer zu Hause umweltbewusst lebt, möchte dies vielleicht auch im Urlaub tun. Mit unseren Empfehlungen im Kapitel grüner reisen wollen wir Ihnen helfen, Ihre »grünen« Ideale an Ihrem Urlaubsort zu verwirklichen und Menschen zu unterstützen, denen ein verantwortungsvoller Umgang mit der Natur am Herzen liegt.

Schottland: Grün in jeder Hinsicht

Grün ist Schottland ist nicht nur seiner Landschaft wegen. Das »grüne« Potenzial des Landes ist, gemessen an europäischen Standards, außergewöhnlich zu nennen. Und so langsam besinnt man sich hier auch darauf. Das Thema Umweltschutz ist mittlerweile in der politischen Agenda hoch gerückt. 50 % der landeseigenen Energie-Produktion soll bis 2020 durch regenerative Quellen generiert werden. Auch die nationale Tourismusagentur Visit Scotland hat reagiert und fördert mit ihrem »Green Tourism Business Scheme« neuerdings einen umweltfreundlichen, auf Nachhaltigkeit angelegten Tourismus. Die über 700 Mitglieder aus dem Hotel-, Gastronomie- und Entertainment-Gewerbe bekommen Zertifikate in Bronze, Silber und Gold verliehen, die dem Level ihrer Energie-Effizienz entsprechen. Hotels und B & Bs werden darauf überprüft, ob sie Energiesparlampen benutzen, Müll recyceln und Ökowaschmittel benutzen. Restaurants punkten mit lokalen und fairgehandelten Produkten sowie Touristenattraktionen, wenn sie Fahrräder verleihen oder Wildlife-Wanderwege fördern. Achten Sie auf die grüne Etikette »Green Tourism«!

ÜBERNACHTEN

Argyll Hotel ▶ S. 112, C 12

Die Insel Iona ist nicht nur ein traumhaft schönes Eiland, sondern auch eine der spirituellen Hochburgen Westeuropas. Hier hat sich das Argyll Hotel ganz dem »grünen« Ethos der Inselgemeinschaft verschrieben: hausgekochte, hausgebackene Speisen aus lokalen, biologischen, fairgehandelten Zutaten. Vieles wird im hoteleigenen Garten angebaut. Auf der Webseite kann man nachvollziehen, von wo Eier, Käse, Fleisch & Co. bezogen werden. Die Zimmer sind heimelig und mit Bio-Accessoires ausgestattet. Ein karibikblauer Strand lädt in unmittelbarer Nähe zum Tagträumen ein.
Isle of Iona, Argyll • Tel. 0 16 81/
70 03 34 • www.argyllhoteliona.co.
uk • 16 Zimmer • €€

Cuildorag House ▶ S. 113, E 11

Das hübsche viktorianische B & B in der Nähe von Fort William überblickt Loch Linneh und ist – umgeben von herrlichen Gartenanlagen – eine idyllische Enklave. Oft sieht man Rotwild, Eichhörnchen und am Strand Otter, Robben und Delfine. Im Holzofen der Lounge brennt ein gemütliches Feuer, Bücher und Musik laden zum Verweilen ein. Das Frühstück ist vegetarisch, besteht aus fair gehandelten Bioprodukten, die Eier kommen von den im Garten frei herumlaufenden Hühnern. Am Abend kochen die Gastwirte köstliche Suppen mit »chilli scones«, gefüllte Pfannkuchen, und hausgemachten Humus (Kichererbsenpüree). Das Gemüse wächst im heimischen Garten.
Onich PH33 6SD • Tel. 0 18 55/
82 15 29 • www.cuildoraghouse.com •
3 Zimmer • €€

ESSEN UND TRINKEN

Engine Shed ▶ Klappe hinten, e 3

Im alten Eisenbahnlagerhaus der British Rail im Stadtviertel Holyrood Park wird seit 1989 Pionierarbeit in Sachen Sozialengagement und Umweltschutz geleistet. Menschen mit Lernbehinderungen erlernen hier in realem Arbeitsambiente ihre Fertigkeiten. Im Café wird schmackhafte und preiswerte vegetarisch-vegane Biokost serviert, frische Falafel, Salate, köstliche Suppen und herzhafte Quiches. In der angrenzenden Bäckerei werden Biobrote, Haferkekse und süße Delikatessen gebacken. Der hausproduzierte Biotofu wird auf Märkten und in Feinkostläden der Stadt verkauft.
Edinburgh, 19 St. Leonard's Lane •
Tel. 01 31/6 62 00 40 • www.the
engineshed.org • €

Summer Isles Foods ▶ S. 109, E 3

Wenn Sie sich in den ganz hohen Norden von Schottland »verirren«, dann machen Sie unbedingt einen Abstecher in den abgelegenen, winzigen Ort mit dem schwer aussprechbaren Namen Achiltibuie. Der Umweg lohnt sich. Hier, an einem wunderschönen Sandstrand inmitten einer Crofter-Gemeinschaft gelegen, machen Keith Dunbar und seine Frau Sheila seit den 1970er-Jahren den besten Räucherfisch Schottlands. Viele der Produkte sind Bio wie Lachs, Forelle, Schinken, Käse und Pasteten. Fisch und Fleisch werden lokal gezüchtet. Eine andere schottische Spezialität sind »kippers«, marinierte und kalt geräucherte Heringe, die vor allem zum Frühstück gegessen werden.
Achiltibuie, Ross-Shire • Tel. 0 18 54/
62 23 53 • www.summerisles
foods.com • €
ca. 30 km nordwestl. von Ullapool

EINKAUFEN

Community Garden Islay

▸ S. 116, C 17

Der wie ein Amphitheater angelegte Gemeinschaftsgarten der Insel Islay verkauft saisonales Obst und Gemüse. Der frühere Küchengarten des Herrenhauses datiert aus dem Jahr 1700 und wurde 2005 der Gemeinde überlassen. Die Inselzeitung »Ileach« berichtet, welches Gemüse gerade erhältlich ist: prächtige Kohlköpfe, Möhren, fünf verschiedene Sorten Kartoffeln. Die angrenzenden Farmgebäude des Herrenhauses werden von einer Handwerkskommune bewirtschaftet, die Federbetten, Schmuck, Batik und Textilien, Drucke und Karten herstellt. Bridgend • Tel. 0 14 96/81 02 93 • www.islayinfo.com • Mo–Sa 10–17 Uhr

Taste of Arran

▸ S. 117, E 18

Elf Hersteller lokaler Produkte der beliebten Insel Arran haben sich zum Taste-of-Arran-Trail zusammengeschlossen und bieten Kräuter, Käse, Räucherfisch, Cremetrüffel und Eis feil. Die Besuchszentren informieren über die Herstellung der Produkte. In der Käserei kann man dabei zusehen, wie bekannte und seltene Sorten wie Cheddar, Crowdie mit Knoblauch und handgerollter Cream Cheese hergestellt werden. Die im Jahr 2000 eröffnete Arran Brewery schenkt kräftige Biere aus. Die qualitativen Schokoladen und Pralinés der Chocolate Factory gibt es in 30 verschiedenen Geschmacksrichtungen, von Champagner bis Ingwer. Die teuersten Kreationen werden hinter Glas verschlossen. Arran Aromatic kreiert auch feine Seifen, aromatische Öle und Shampoos. Isle if Arran • www.taste-of-Arran.co.uk

AKTIVITÄTEN

Findhorn

▸ S. 114, B 13

Die Mündung des Flusses Findhorn im Nordosten Schottlands ist ein besonderer Platz. Hier begann die weltberühmte spirituelle Gemeinschaft 1962 in Wohnwagen und Zelten an den Sandstränden der Burghead Bay zu campieren. Die Gründer Peter und Eileen Caddy und Dorothy Maclean sind mittlerweile nicht mehr Teil ihrer ins Leben gerufenen New-Age-Community, die jedoch weiterhin aktiv ist. Die weitgehend autark geführte, kosmopolitische und gut organisierte Öko-Enklave lädt Besucher zu Kursen und Workshops über spirituelles Wachstum, Tanz und Heilung und zahlreichen Umweltprojekten ein. Ein Großteil der Zutaten für die schmackhaften Speisen wird in einem Bio-Garten selbst angebaut. Auch ohne Teilnahme an den Kursen ist Findhorn einen Besuch wert. Viele der B & Bs sind in Ökohäusern untergebracht, mit einem gesunden, ausgewogenen Bio-Frühstück, mit Garten und Blick auf die weißen Sandstrände der Moray-Küste. Findhorn Foundation, The Park, Moray • Tel. 0 13 09/69 03 11 • www.findhorn.org • Besucherzentrum Mo–Fr 9.30–16.30, Sa, So 13–16, Führungen April–Okt. Mo, Mi, Fr

Inverpolly Naturreservat

▸ S. 109, F 3

Das 1961 gegründete Naturschutzgebiet in Assynt steckt ein abgelegenes Gebiet aus Sümpfen, Deckenmooren, Wäldern und Bergen auf 11 000 ha Land ab. Am Knockan Crag liegen die älteren Gesteinsschichten des Moineschiefers über dem jüngeren kambrischen Sedimentgestein. Nach lang anhaltendem Streit konnten prominente Geologen Anfang des 20. Jh. schließ-

Im Inverpolly Naturreservat (▸ S. 18), hier mit Blick auf den tiefblauen Loch Sionascaig, zeigt sich Schottland von seiner wilden, urwüchsigen Seite.

lich tektonische Bewegungen als verantwortlich für die Umkehrung identifizieren. Am Besucherzentrum führt ein nur 1,5 km langer Wanderweg durch ein landschaftlich reizendes Gebiet. Die Berge ringsum flößen Schauer an Ehrfurcht und Staunen ob ihrer landschaftlichen Schönheit ein. Die Gipfel des 732 m hohen Suilven und des beliebten, 613 m hohen Stac Polly erheben sich über den Mooren von Assynt und beglücken erfahrene Wanderer mit weiten Aussichten über die beeindruckend wilde Bergweltszenerie.
www.inverpolly.com
20 km nördl. von Ullapool

Rubha Phoil Forest Garden
▸ S. 113, D 10

Der Süden der »Insel des Nebels« ist als »Garten von Skye« bekannt. Im milden, geschützten Klima der Sleat-Halbinsel wurde nach permakulturellen Maßstäben ein Waldpark mit Spazierwegen, Picknick- und Sitzgelegenheiten sowie fantasievollen Kinderspielplätzen angelegt. Hier wachsen über 100 verschiedene Arten von Obst- und Nussbäumen, Sträucher, Blumen, Gemüse und Heilkräuter, Nadel- und Laubbäume. Die Aussicht auf die umliegende Inselwelt und die raue Küstenlinie des Festlandes ist atemberaubend. In den Gärten werden Bio-Kräuter und Gemüse angebaut, deren Samen von heimischen Pflanzen gewonnen werden. Im »Veggie Centre« liegen Brokkoli, Bohnen, Öle, Tee und Bücher zum Verkauf aus. Übernachten kann man in Hütten, Tipis oder auf dem Öko-Campingplatz.
Armadale, Isle of Skye • Tel. 0 14 71/ 84 47 00 • http://skye-permaculture. org.uk

Einkaufen Kleidungsstücke aus Tweed, Woll-pullover und Schals im landestypischen Schotten-Karo sind nicht nur zeitlos schön, sondern bieten obendrein guten Schutz gegen schlechtes Wetter.

◄ In den Geschäften auf Edinburghs Royal Mile (► S. 31) lässt sich manches Mitbringsel aus edlem Tuch erstehen.

Besonders beliebte Geschenkartikel sind **Wollsachen** und **Schotten-karos** (»tartans«). Die besten Wollpullover kommen von den nördlichen Shetland-Inseln. Das besondere Erzeugnis der Hebriden ist dagegen der **Tweed** – ein eher zeitloses als modisch-aktuelles Tuch, das aber warm hält und unverwüstlich ist. Generell bietet es sich an, die reiche Erfahrung der Schotten zu nutzen, wenn es um Schutz vor schlechtem Wetter geht. Regenmäntel, Wollschals, flauschige Flanellhemden und ähnliche Produkte mit oder ohne Schotten-Muster sind überall erhältlich.

Besondere Geschenkartikel sind **Antiquitäten**. Sie sind zwar rar und teuer, aber es gibt sie immer noch auf den Märkten, bei den »antique fairs« am Wochenende, oder den Auktionen, die laufend in Städten und Dörfern stattfinden. Dort kann man hübsche und preisgünstige Dinge aus vergangenen Zeiten erstehen. Kleine Antiquitätenläden bieten manchen Schatz, Kunstgalerien relativ preiswert alte und neue Bilder, Stiche und Landkarten, und immer mehr Kunstgewerbegeschäfte (»craft shops«) verkaufen geschmackvolle Souvenirs aus Keramik, Glas, Horn, Schaffell und Stoff. Auf den Hebriden findet man Schmuck mit keltischen Motiven, während auf den Orkney- und Shetland-Inseln die Wikinger-Tradition handwerklich umgesetzt wird.

Wer eine **Whisky-Brennerei** besucht, wird der Versuchung kaum widerstehen können, eine Flasche

mitzunehmen. Aufgrund der hohen Steuern kosten die edlen »Malt-Whisky«-Sorten auf dem europäischen Kontinent meist weniger als in Großbritannien. Schottische Lebensmittel bieten dazu eine gute Alternative: Es gibt empfehlenswerte **Keks- und Kuchensorten**, etwa der schwere »Dundee cake«. Wer lieber auf Zucker verzichtet, sollte »oatcakes«, ungesüßte, flache Haferkekse, probieren.

Die **Geschäfte** sind von Montag bis Samstag von 9 bis 17.30 Uhr geöffnet. Zahlreiche Läden bieten auch »Late Shopping« (Do bis 20 Uhr) an.

Empfehlenswerte Geschäfte und Märkte finden Sie bei den Orten im Kapitel ► Unterwegs in Schottland.

MERIAN-Tipp **3**

LOCH FYNE OYSTER BAR
► S. 113, E 12

Die Qualität schottischer Austern und anderer Meeresfrüchte ist durch die Loch Fyne Oyster Bar landesweit bekannt. In Cairndow am nördlichen Ende der langen Meeresbucht entstand vor 20 Jahren die erste Gaststätte mit diesem Namen; mittlerweile gibt es über 20 Filialen. Das Angebot des Restaurants, und auch des angrenzenden Loch Fyne Shop, wurde um viele schottische Spezialitäten erweitert – Rindfleisch, Wild, Käse und mehr.
Cairndow • Tel. 0 14 99/60 04 83 • www.lochfyne.com • tgl. ab 9, im Sommer bis 20 Uhr, im Winter unterschiedliche Öffnungszeiten • €€

Feste und Events
Viele schottische Feste, vor allem die berühmten »Highland Games«, das »Beltane Fire Festival« und das »Hebridean Celtic Festival«, lassen die keltische Tradition wieder aufleben.

◄ Sportliches Kräftemessen ist bei den »Highland Games« (▸ S. 23) ebenso angesagt wie Musik und Tanz.

JANUAR
Burns Night
Der Geburtstag des Nationaldichters Robert Burns (1759–1796) wird ausgiebig gefeiert. Vor einem festlichen Abendessen wird in ausgelassener Stimmung seine »Ansprache an einen Haggis« deklamiert.
25. Januar

Celtic Connections
Jährliches Fest der keltischen Musik in Glasgow.
Ende Januar • www.celticconnections.com

APRIL
Beltane Fire Festival
Walpurgnisnachtfeuer und große Party auf Calton Hill in Edinburgh.
30. April

MAI
Spirit of Speyside Whisky Festival
Besichtigungen, Proben und Informationen zum »Wasser des Lebens«.
Anfang Mai • www.spiritofspeyside.com

JUNI
St. Magnus Festival
Mittsommerliches Kulturfest auf Orkney: Musik, Kunst, Literatur.
Mitte Juni • www.stmagnusfestival.com

JULI
Hebridean Celtic Festival
Keltisches Musik-Festival in herrlicher Umgebung auf Lewis.
Mitte Juli • www.hebceltfest.com

AUGUST
Edinburgh Festivals
Dieses Festival bringt Jahr für Jahr namhafte Orchester und Solisten aus aller Welt, führende Figuren der englischsprachigen Theaterwelt und erstklassige Ausstellungen nach Schottland. Hinzu kommt seit 1947 das Fringe Festival, (Kleinkunst, alternatives Theater, Gesang und Comedy). Das »Military Tattoo« ist eine bunte Mischung aus Folklore und Militärparade.
Letzte drei Augustwochen
– Edinburgh International Festival • Tel. 01 31/4 73 20 00/01 • www.eif.co.uk.
– Edinburgh Festival Fringe • Tel. 01 31/2 26 00 26 • www.edfringe.com
– Military Tattoo • Tel. 01 31/ 2 25 11 88 • www.edintattoo.co.uk.

SEPTEMBER
Braemar Games 🔴1
Diese Veranstaltung ist nur die berühmteste der »Highland Games«, die in den Sommermonaten überall in Schottland stattfinden.
Erster Samstag im September • www.braemargathering.org

OKTOBER
National Gaelic Mod
Fest der gälischen Sprache mit Literatur und Musik, wechselnde Orte.
Meist in der 2. Oktoberwoche • www.the-mod.co.uk

DEZEMBER
Hogmanay
In der schottischen Tradition ist »Hogmanay« (Silvester) bedeutender als Weihnachten. In Edinburgh gibt es eine riesige Straßenparty mit fulminantem Feuerwerk.
31. Dezember

Sport und Strände

Nicht nur Golfer finden in Schottland paradiesische Verhältnisse vor. Berge, Seen und Küste bieten darüber hinaus ideale Bedingungen für Radfahrer, Wanderer und Wassersportler.

◄ Im Sport- und Freizeitprogramm des Gleneagles Hotels (▶ MERIAN-Tipp, S. 13) ist Angeln ein wesentlicher Bestandteil.

ANGELN

Die Fangsaison für Lachs beginnt im Februar, für Forellen Mitte März bis Oktober. Lachse und Forellen zählen zu den Edelfischen und werden beim »Game fishing« gefangen. Angeltechniken können in »Angling Schools« erlernt werden. Ideal für Neulinge sind die »Fishing Hotels«:

FishScotland

Tel. 0 15 73/47 06 12 •
www.fishscotland.co.uk

BERGSPORT

Zuständige Organisation für Bergsteiger und -wanderer:

The Mountaineering Council of Scotland

Tel. 0 17 38/49 39 42 •
www.mcofs.org.uk

GOLF

Rund 400 Plätze, meist im Osten und Südwesten. »Courses« wie Gleneagles, St. Andrews oder Turnberry ziehen Golfer aus aller Welt an. Für relativ wenig Geld kann man »Golf Packages« buchen. Die Plätze im Nordosten sind ideal für Anfänger. Für eine Runde Golf zahlt man 15–60 £, an Wochenenden sind die »Green fees« teurer. Visit Scotland bietet günstige Pauschalangebote.
www.visitscotland.com •
www.scottishgolf.com

RAD FAHREN

Trotz fehlender Radfahrwege wird auch in Schottland eifrig in die Pedale getreten. Leihräder gibt es für 6–10 £ pro Tag. Das »National Cycle Network« hat Radstrecken mit einer Gesamtlänge von über 2000 km . Die North Sea Cycle Route führt an der Ostküste entlang und gehört zu einer 6000 km langen Strecke durch sieben Nordsee-Anrainerstaaten.
http://cycling.visitscotland.com

Wilderness Scotland

Mountainbike-Touren in den Highlands, Wassersport und Wandern.
Tel. 01 31/6 25 66 35 •
www.wildernessscotland.com

WANDERN

Für anspruchsvolle Bergtouren sind Fort William, Aviemore und die Insel Skye gute Standorte, für leichtere Wanderungen bietet sich das Trossach-Gebirge westlich von Stirling an. Visit Scotland informiert unter **www.walkingwild.com**. Es gibt ausgeschilderte Fernwanderwege wie den 152 km langen West Highland Way von Glasgow nach Fort William (**www.west-highland-way.co.uk**) und den Great Glen Way zwischen Fort William und Inverness (**www.greatglenway.com**)

WASSERSPORT

Die südliche Atlantikküste und die Hebriden werden häufig von ausländischen Seglern besucht. Aviemore in den Highlands ist das Zentrum für Wildwassersport, an der Westküste und auf den Hebriden ist Kajakfahren im Meer möglich:

Scottish Canoe Association

Tel. 01 31/3 17 73 14 •
www.canoescotland.com
Taucher finden an der Westküste klares Wasser mit Schiffswracks und Unterwasserbiotopen.

Familientipps
Auf kleine Entdecker warten Ritterburgen und Bootsfahrten. Auch Wanderungen auf den Klippen, ein Besuch im Zoo oder im Aquarium Deep Sea World lassen Langeweile gar nicht erst aufkommen.

◄ Im Science Centre Dynamic Earth (▶ S. 27) in Edinburgh können Kinder zu kleinen Forschern werden.

Camera Obscura and World of Illusions ▶ Klappe hinten, c 2

Kinder können dort bei gutem Wetter auf einer runden Tischplatte ein Spiegelbild der Stadt anschauen. Edinburgh, Castlehill • www. camera-obscura.co.uk • Juli, Aug. tgl 9.30–19.30, April–Juni, Sept., Okt. tgl. 9.30–18, Nov.–März tgl. 10–17 Uhr • Eintritt 9,25 £, Kinder 6,25 £

Cream o'Galloway ▶ S. 118, A 24

Auf der Bio-Farm von Wilma und David kann man nicht nur 30 verschiedene Sorten von Bio-Eis naschen, sondern die ganze Farm zum Spielplatz machen. Jedes Jahr wird er um ein neues Fantasiereich erweitert: Schmugglertunnel und Klettertürme, Picknickplätze, Naturpfade und Abenteuergründe. Rainton, Gatehouse of Fleet, Castle Douglas, DG7 2DR • www.creamogalloway.co.uk

Deep Sea World ▶ Klappe hinten, westl. a 1

Über 100 verschiedene Tierarten aus heimischen Gewässern lassen sich in diesem Aquarium bewundern. North Queensferry • www.deepsea world.com • Mo–Fr 10–17, Sa, So 10–18 Uhr • Eintritt 12,50 £, Kinder 8,25 £ 15 km westl. von Edinburgh

Dynamic Earth ▶ Klappe hinten, e 2

Science Centre in Edinburgh mit Schwerpunkt Natur und Technik. 112–116 Holyrood Road • www. dynamicearth.co.uk • Nov.–März Mi–So 10–17.30, April–Okt. tgl.

10–17.30, Juli, Aug. tgl. 10–18 Uhr • Eintritt 11,90 £, Kinder 7,95 £

Edinburgh Zoo ▶ Klappe hinten, westl. a 3

Man sollte sich den täglichen Aufmarsch der etwa 130 Pinguine nicht entgehen lassen (14.15 Uhr). Corstorphine Road • www.edinburgh zoo.org.uk • April–Sept. tgl. 9–18, Okt.–März 9–17, Nov.–Feb. 9–16.30 Uhr • Eintritt 15,50 £, Kinder 11 £

Highland Wildlife Park ▶ S. 114, B 14

Im Cairngorm Nationalpark kann man heimische Tiere ebenso beobachten wie Eisbären und Wölfe. Kincraig, Kingussie • www.highland wildlifepark.org • April–Okt. 10–17, Juli–Aug. 10–18, Nov.–März 10–16 Uhr • Eintritt 13,30 £, Kinder 11,50 £

Sensation ▶ S. 114, C 16

Im Dundee Science Center befindet sich dieses große Ausstellungsareal mit Aktivitäten zur Erforschung der Sinne. Hier können Kinder auf überdimensionale Modelle menschlicher Wahrnehmungsorgane klettern. Dundee, Greenmarket • www. sensation.org.uk • tgl. ab 10 Uhr • Eintritt 7,26 £, Kinder 5,25 £

Strathspey Railway ▶ S. 114, B 14

Wer in den Highlands unterwegs ist, kann eine 8 km lange Fahrt mit einer Museumsbahn mit Dampfzügen aus dem 19. Jh. unternehmen. Ausgangspunkt ist die Bahnstation in Boat of Garten, Endstation Aviemore. www.strathspeyrailway.net

---

👫 Weitere Familientipps sind durch dieses Symbol gekennzeichnet.

Das im 18. Jh. von einem Feuer zerstörte Ardvreck Castle (▸ S. 86) liegt malerisch am Ufer des Loch Assynt; die Ruine ist frei zugänglich.

Unterwegs
in Schottland

Sanfte Täler im Süden, raue Berge im Norden, Burgen
an Seen und Kulturschätze in den Städten. Ein Schott-
land-Urlaub ist eine Reise zu Natur und Kultur zugleich.

Die Metropolen & der Süden

Die Region im Süden Schottlands bezaubert durch eine liebliche Hügellandschaft und zwei lebhafte, kontrastreiche Großstädte: Edinburgh und Glasgow.

◄ Vom Calton Hill (▶ S. 31) bietet sich ein herrlicher Blick auf die Festung Edinburgh Castle (▶ S. 31).

Edinburgh 2 ▶ S. 118, C 21

465 000 Einwohner
Stadtplan ▶ Klappe hinten

Hebriden

Norden

Westküste   Stirling

Metropolen

Es ist zwar nach Glasgow nur die zweitgrößte Stadt Schottlands, hat aber als Sitz des regionalen Parlaments und der schottischen Regierung am Ende der 1990er-Jahre wieder zu seiner historischen Hauptstadtrolle gefunden. Die Festung **Edinburgh Castle**, auf einem Felsen gelegen, bildet den Mittelpunkt der Stadt. Östlich davon und dahinter drängt sich die Altstadt mit den Straßen Canongate, Castle Hill, High Street und Lawnmarket, die zusammen die **Royal Mile** bilden. Entlang der »Königlichen Meile« reihen sich hohe Häuser mit Hinterhöfen und kleinen Gassen. Hier gibt es zahlreiche historische Sehenswürdigkeiten, verlockende Cafés und attraktive Lädchen und Galerien.

WUSSTEN SIE, DASS ...

... Edinburgh die erste Feuerwehr und die ersten Hochhäuser der Welt hatte?

Aus dem 18. Jh. der georgianischen Zeit stammt die »Neustadt« Edinburghs. Am nördlichen Abhang des Burgfelsens, dort wo früher einmal ein See lag, befinden sich heute die **Princes Street Gardens**. Sie sind nur ein Teil der Gärten und Parks, die Edinburgh zur grünsten Stadt Großbritanniens machen. Wie Planquadrate liegen die anschließenden Wohngebiete an schnurgeraden Straßen. Die ständig wiederkehrenden Fassadenelemente schaffen eine einmalige Atmosphäre architektonischer Einheit und Geschlossenheit. Unterbrochen werden die Straßenzüge nur von Plätzen, oft mit Gartenanlagen in der Mitte, deren schönster der **Charlotte Square** ist.

SEHENSWERTES

Calton Hill ▶ Klappe hinten, d/e 1

Am Ostende der Princes Street liegt dieser 100 m hohe Hügel. Nicht die Baulichkeiten auf der Höhe sind der eigentliche Anreiz zum Aufstieg: ein altes Observatorium, ein Nelson-Denkmal in Form eines Teleskops und das unvollendete Monument, ein Tempel, der einst Edinburghs Ruf als »Athen des Nordens« besiegeln sollte. Robert Louis Stevenson, Autor des Abenteuerromans »Die Schatzinsel«, nannte einen triftigeren Grund: »Von hier aus hat man den besten Blick auf Edinburgh, denn vom Schloss aus kann man das Schloss und von ›Arthur's Seat‹ aus (eine der reizvollsten der vulkanischen Erhebungen) Arthur's Seat nicht sehen.«

Edinburgh Castle
▶ Klappe hinten, c 2

Die Burg entwickelte sich von der königlichen Residenz im 11. Jh. zur militärischen Befestigungsanlage.

Die **St. Margaret's Chapel** erinnert an die Durchsetzung der römisch-katholischen Religion in Schottland, die im 11. Jh. unter Königin Margaret das keltisch geprägte Christentum verdrängte. Mit der Kanone »Mons Meg« wurden bereits 1558 zur Hochzeit Maria Stuarts Freudenböller abgeschossen. Neben den königlichen Gemächern können die Kroninsignien besichtigt werden. Von unbekannter Herkunft ist die mit Perlen und Diamanten besetzte Königskrone. Seit 1996 beherbergt die Burg den 1296 vom englischen König Edward I. erbeuteten »Stein des Schicksals«, auf dem schottische Monarchen gekrönt wurden.
www.edinburghcastle.gov.uk • April–Sept. tgl. 9.30–18, Okt.–März bis 17 Uhr • Eintritt 12 £

Palace of Holyroodhouse
‣ Klappe hinten, e/f 2

In ihrer heutigen Gestalt stammt die königliche Residenz weitgehend aus dem 17. Jh. Die historischen Räume sind voller Zeugnisse einer außerordentlichen Handwerkskunst. Im Palast befindet sich ein Teil der königlichen Kunstsammlung. Vor dem Palast zwischen Holyrood Road und Royal Mile steht seit 2004 der umstrittene Bau des schottischen Parlaments, ein Werk des Katalanen Enric Miralles.
Royal Mile • April–Okt. tgl. 9.30–18, Nov.–März tgl. 9.30–16.30 Uhr • Eintritt 10,25 £

The Royal Botanic Garden
‣ Klappe hinten, nördl. c 1

Berühmt für seine Rhododendronkulturen und Treibhäuser.
Inverleith Row, Arboretum Road • www.rbge.org.uk • Feb.–Okt. tgl. 10–18, Nov.–Jan. tgl. 10–16 Uhr • Eintritt frei, außer Treibhäuser 4,50 £

St. Giles' Cathedral
‣ Klappe hinten, d 2

Edinburghs Hauptkirche – was man angesichts ihres eher bescheidenen Äußeren nicht vermuten würde – entstand Ende des 14. Jh. Die Laterne aus acht Strebebögen ist für viele schottische Kirchtürme typisch.
Royal Mile • Mai–Sept. Mo–Fr 9–19, Okt.–April Mo–Fr 9–17, Sa 9–17, So 13–17 Uhr • Spende von 3 £ wird erwartet

John Knox House
‣ Klappe hinten, d 2

Das Haus aus dem 16. Jh., in dem Knox, Hauptfigur der schottischen Reformation, im Jahr 1572 Zuflucht gesucht haben soll, vermittelt einen Eindruck des alten Edinburgh mit seinen politischen und religiösen Unruhen.
High Street • Mo–Sa 10–18, Juli, Aug. auch So 12–18 Uhr • Eintritt 4 £, Kinder 1 £

Royal Yacht Britannia
‣ Klappe hinten, nördl. e 1

Werfen Sie doch mal einen Blick ins Schlafzimmer der Queen! Nach über 40 Jahren im Dienst der Königlichen Familie ist die »Britannia« ein schwimmendes Museum. Die Audioführung (in Deutsch) ist höchst unterhaltsam und informativ.
Am Hafen im Stadtteil Leith • www.royalyachtbritannia.co.uk • Jan.–März, Nov., Dez. tgl. 10–15.30, April–Juni, Okt. tgl.10–16, Juli–Sept. tgl. 9.30–16.30 Uhr • Eintritt 11 £, Kinder 7 £ • Anfahrt: Bus 1, 11, 22, 34, 35 oder Busrundfahrt Majestic Tour ab Waverley Bridge

MUSEEN

The Georgian House

▶ Klappe hinten, b 2

Das vom schottischen Architekten Robert Adam (1728–1792) entworfene, in authentischem Zustand erhaltene Gebäude vermittelt einen guten Eindruck der Lebensbedingungen im Edinburgh des 18. Jh.
7 Charlotte Square • www.nts.org.uk • April–Juni tgl. 10–17, Juli, Aug. tgl. 10–18, Sept.–Okt. tgl. 10–15, Nov. tgl. 11–13, März tgl. 11–16 Uhr • Eintritt 6 £

Gladstone's Land

▶ Klappe hinten, c 2/d 2

Das ehemalige Heim eines wohlhabenden Tuchhändlers aus dem 17. Jh. zeigt das »alte«, bescheidenere Edinburgh.
James' Close, Lawnmarket • April–Okt. tgl. 10–17, Juli–Aug. bis 18.30 Uhr • Eintritt 5,50 £

National Gallery of Scotland/ Royal Scottish Academy

▶ Klappe hinten, c 2

Untergebracht in zwei klassizistischen Gebäuden am unteren Ende des Mound. Erstklassige Sammlung führender europäischer Meister des 14. bis 19. Jh. Stark vertreten sind die Impressionisten.
Princes Street • tgl. 10–17, Do bis 19 Uhr • Eintritt frei

The People's Story Museum

▶ Klappe hinten, e 2

Im ehemaligen Gefängnis Canongate Tolbooth werden das tägliche Leben der Bürger, die politischen Kämpfe und sozialen Verhältnisse anschaulich aufgezeigt. Die Ausstellung wird lebendig durch die Rekonstruktion einer Gefängniszelle und der Werkstatt eines Küfers.
142 Canongate • tgl. 10–17 Uhr • Eintritt frei

Edinburgh Castle (▶ S. 31), eine der meistbesuchten Sehenswürdigkeiten Schottlands, war einstmals Festung und Residenz in einem.

Scottish National Gallery of Modern Art ▸ Klappe hinten, a 2

Neben der Tate Gallery in London besitzt die Scottish National Gallery of Modern Art die bedeutendste Sammlung moderner Kunst in Großbritannien. Darunter befinden sich Skulpturen von Henry Moore sowie Werke von Giacometti, Hepworth, Matisse und Picasso.

Belford Road • tgl. 10–17 Uhr • Eintritt frei

MERIAN-Tipp **4**

THE MUSEUM OF SCOTLAND ▸ Klappe hinten, d 3

Die prämierte Architektur und das gelungene Ausstellungskonzept entsprechen dem Stolz der Schotten, deren Geschichte und Errungenschaften hier gezeigt werden. Besonders sehenswert sind ausgegrabene Gold- und Silberschätze und die Lewis Chessmen, Schachfiguren des 12. Jh. Feine Küche mit Ausblick gibt es im Tower Restaurant. Auch das benachbarte Haus, das ehemalige Royal Museum mit einer sehenswerten Haupthalle, einem Meisterwerk viktorianischer Gusseisenkonstruktion, gehört zum Museum of Scotland. Die archäologischen, naturwissenschaftlichen und ethnologischen Sammlungen des Royal Museum werden bis 2011 neu aufgearbeitet, um sie moderner und erweitert präsentieren zu können.

Edinburgh, 1 Chambers Street • www.nms.ac.uk • tgl. 10–17 Uhr • Eintritt frei • Restaurant Tel. 01 31/2 47 44 22

Scottish National Portrait Gallery ▸ Klappe hinten, d 1

Bildnisse berühmter Schotten von der Mitte des 16. Jh. bis heute. Allein die viktorianische Architektur des Hauses ist sehenswert.

2 Queen Street • tgl. 10–17, Do bis 19 Uhr • Eintritt frei

WUSSTEN SIE, DASS…

… ein Aktporträt des aus Edinburgh stammenden »James Bond«-Mimen Sean Connery in einer versteckten Ecke der National Portrait Gallery zu finden ist?

SPAZIERGANG

Stadtplan ▸ Klappe hinten

Beginnen Sie Ihren Rundgang beim **Edinburgh Castle**, bummeln Sie die **Royal Mile** hinunter bis zur **North Bridge**, überqueren Sie die Brücke, halten Sie sich rechts. **Waterloo Place** ist die Verlängerung der **Princes Street**, von dort besteigen Sie den **Calton Hill**. Dann geht es wieder gen Westen Richtung **Picardy Place** und **New Town: St. Andrew Square**, in die elegante **George Street** bis zum **Charlotte Square** und wieder zurück nach Osten auf der **Queen Street**.

Dauer: ca. 2 Std.

ÜBERNACHTEN

Channings Hotel
▸ Klappe hinten, a 1

Oase der Ruhe • Schön gelegen in einem ruhigen Wohngebiet, aber unweit des Zentrums. Das Hotel im Townhouse-Stil mit gemütlicher Bar und Restaurant hat eine intimere Atmosphäre als die großen Häuser in der Stadtmitte.

Von außen präsentiert sich das Museum of Scotland (▶ MERIAN-Tipp, S. 34) in modernem Gewand, innen dokumentiert es die Geschichte des Landes.

South Learmonth Gardens • Tel. 01 31/ 2 74 74 01 • www.channings.co.uk • 41 Zimmer • €€€€

Prestonfield House Hotel

▶ Klappe hinten, östl. f 3

Traditionelle Eleganz • Landhaus im eigenen Park mit altmodisch-luxuriöser Einrichtung und gutem Restaurant. 10 Min. von der Stadtmitte. Priestfield Road • Tel. 01 31/ 2 25 78 00 • www.prestonfield.com • 26 Zimmer • ♿ • €€€€

Caledonian Hilton

▶ Klappe hinten, b 2

Klassischer Luxus • Das stattliche alte Hotel bietet Komfort im traditionellen Stil. Die Lage ist für Shopping auf der Princes Street und Sehenswürdigkeiten ideal. Princes Street • Tel. 01 31/2 22 88 88 • www.hilton.co.uk • 247 Zimmer • €€€

The Original Raj Hotel

▶ Klappe hinten, a 3

Indische Gastfreundschaft • Alles in diesem stattlichen Haus gibt sich indisch – die Einrichtung der großen Zimmer und sogar das Frühstück. 6 West Coates • Tel. 01 31/3 46 13 33 • www.tommymlahsoriginalrajhotel. com • 17 Zimmer • €

ESSEN UND TRINKEN

The Kitchin

▶ Klappe hinten, nördl. e 1

Michelin-gekürt • Schottlands jüngster Sterne-Koch Tom Kitchin lernte von französischen Meistern und zaubert jetzt mit heimischen Zutaten im Stadtteil Leith. 78 Commercial Quay • Tel. 01 31/ 5 55 17 55 • €€€€

David Bann ▶ Klappe hinten, e 2

Gourmetvegetarier • Stilvolles Ambiente, hochgelobte Küche, die Ge-

richte sind qualitativ hochwertig und fantasievoll zusammengestellt.
56–58 St Mary's Street • Tel. 01 31/ 5 56 58 88 • www.davidbann.com • tgl. 12–14, 18–22 Uhr • €€€

The Piemaker   ▸ Klappe hinten, d 2

Alles im Blätterteig • Hier werden Pasteten in allen Variationen aufgetischt: vegetarisch, mit Fleisch, süß und herzhaft – und obendrein zu günstigen Preisen.
38 South Bridge • Tel. 01 31/ 5 56 85 66 • tgl. 10–19 Uhr • €€

Engine Shed
▸ grüner reisen, S. 17

The Abbotsford
▸ Klappe hinten, c/d 2

Klassische Pubmeals • Der viktorianische Pub in Bahnhofsnähe ist, besonders während der Festspiele im August, oft überfüllt, dann aber ein beliebter Treffpunkt von Künstlern. Die besondere Atmosphäre und das Interieur entschädigen allerdings für das Gedränge.
3 Rose Street • Tel. 01 31/2 25 52 76 • So geschl. • €

EINKAUFEN

In der Nähe der Royal Mile bieten viele Läden Antikes und Trödel. Ähnliche Geschäfte findet man auch am Royal Circus oder der Great King Street in der Neustadt und am Grassmarket. Wertvolle Antiquitäten gibt es in der Dundas Street.

Valvona & Crolla
▸ Klappe hinten, d 1

Dieses legendäre Delikatessengeschäft mit Café bietet in der dritten Generation das Feinste aus Italien.
Elm Row • Tel. 01 31/5 56 60 66

21st Century Kilts
▸ Klappe hinten, d 2

In dem alten Familienbetrieb kaufte auch Popstar Robbie Williams seinen Schottenrock.
57–61 High Street

Jenners   ▸ Klappe hinten, c/d 2

Alteingesessenes Kaufhaus mit großem Angebot. Hier kleidet sich eine statusbewusste Klientel wahlweise modern oder gediegen ein.
Ecke Princes Street/St. David Street

AM ABEND

Edinburgh hat ganzjährig ein reges kulturelles Leben: Schauspiel im Royal Lyceum Theatre, Tel. 01 31/ 2 48 48 48; Musicals, Konzerte im Edinburgh Festival Theatre, Tel. 01 31/5 29 60 00; Oper im Playhouse, Tel. 08 70/6 06 34 24; klassische Musik in der Usher Hall, Tel. 2 28 11 55, und alles von Jazz bis Klassik in der Queen's Hall, Tel. 6 68 20 19.

The Dome   ▸ Klappe hinten, c 2

Cocktails unter einer Glaskuppel mit Palmen.
14 George Street

The Jazz Bar   ▸ Klappe hinten, d 1

Schönes Kellerambiente und ein Publikum, das erstklassige Livemusik, vor allem Jazz, zu schätzen weiß.
Chambers Street • Tel. 01 31/ 2 20 42 98 • tgl. 17.30–3 Uhr (Sa–So ab 15.30 Uhr)

SERVICE
AUSKUNFT
Edinburgh Information Centre
▸ Klappe hinten, d 2

3 Princes Street • Tel. 08 49/ 2 25 51 21 • www.edinburgh.org • www.edinburghguide.com

Ziele in der Umgebung

◎ The Scottish Seabird Centre
▶ S. 119, D 21

Auf Felsen im Meer bei North Berwick nisten Tausende von Seevögeln. Im Seabird Centre am Hafen sieht man auf Großbildschirm Livebilder in hervorragender Qualität.
Tel. 0 16 20/89 02 02 • Bus 124/X5 oder Bahn nach North Berwick •
tgl. 10–18, Nov.–März 10–16 Uhr •
Eintritt 7,95 £, Kinder 4,50 £
35 km östl. von Edinburgh

◎ Culross
▶ S. 118, B 21

Der kleine Burgflecken aus dem 16. Jh. war nach seinem wirtschaftlichen Niedergang im 17. Jh. in Vergessenheit geraten, bis er aus dem Dornröschenschlaf geweckt wurde.
Tel. 0 13 83/88 03 59 • April–Okt. Do-Mo 12–17, Juni–Aug. tgl. 12–17 Uhr •
Eintritt 8,50 £, Kinder 5,50 £
40 km nördl. von Edinburgh

◎ Linlithgow Palace
▶ S. 118, B 21

Die Ruine der ehemaligen königlichen Residenz beherrscht das Stadtbild und den See von Linlithgow. Schönstes Stück der Anlage ist ein achteckiger Brunnen aus dem 16. Jh.
April–Sept. tgl. 9.30–17.30, Okt.–März tgl. 9.30–16.30 Uhr • Eintritt 5,20 £, Kinder 3,10 £
ca. 28 km westl. von Edinburgh

◎ Rosslyn Chapel   ▶ S. 118, C 21

Zum Bau der 1446 begonnenen und nie vollendeten Kapelle wurden Handwerker aus ganz Europa herangezogen. Einmalig ist die »Lehrlingssäule«. Seit Dan Browns Bestseller »Sakrileg« (verfilmt unter dem Titel »Da Vinci Code«) weltberühmt.
Roslin • Tel. 01 31/4 40 21 59 •
Mo-Sa 9.30–18, So 12–16.45 Uhr •
Eintritt 7,70 £
10 km südl. von Edinburgh

Prosciutto und Pasta in Edinburgh: Das Delikatessengeschäft Valvona & Crolla (▶ S. 36) in Edinburgh bietet bereits in der dritten Generation feinste italienische Ware.

Dumfries
▶ S. 118, B 23

43 000 Einwohner

Die größte Stadt des schottischen Südwestens wurde im 12. Jh. von Wilhelm dem Löwen zur »Royal Burgh« ernannt. »Fort der Friesen«, wie Dumfries übersetzt heißt, ist eng mit dem Namen des Dichters Robert Burns verknüpft, der hier begraben liegt. Die Häuser aus rotem Sandstein sind meist jüngeren Datums, weil die vielen kriegerischen Auseinandersetzungen wenig historische Substanz übrig ließen.

Dumfries eignet sich als Ausgangspunkt für längere Touren. Reizvoll ist die Strecke von Castle Douglas auf der A 713 über New Galloway und vorbei am Galloway Forest Park nach Alloway und Culzean Castle bei Ayr. Noch schöner ist die Küstenstrecke: Nach Castle Douglas, weiter auf der A 75 mit einem kurzen Abstecher zur charmanten Künstlerstadt Kirkcudbright an der Küste, dann westlich nach Newton Stewart und von dort südlich zur »Book Town« Wigtown, wo es mehr als 30 Buchhandlungen gibt. Weiter südlich liegt Isle of Whithorn, ein Hort des frühen Christentums.

SEHENSWERTES

Midsteeple

Das imposante alte Rathaus wurde bis 1867 auch als Gefängnis und Gerichtsgebäude benutzt.

MUSEUM

Burns House Museum

Schottlands berühmtester Dichter, Robert Burns (1759–1796), verbrachte in diesem Haus die letzten drei Jahre seines Lebens.
Burns Street • Mo–Sa 10–17, So 14–17 Uhr • Eintritt frei

ÜBERNACHTEN

Cairndale Hotel & Leisure Club

Traditionelles Stadthotel • Zentral gelegenes, angenehmes Hotel.
136–138 English Street • Tel. 0 13 87/ 25 41 11 • www.cairndalehotel.co. uk • 76 Zimmer • €€

ESSEN UND TRINKEN

The Globe Inn

Dichterklause • Historische Kneipe, in der einst Robert Burns trank. Viele Memorabilien, einfache Pub-Küche mittags.
High Street • Tel. 0 13 87/25 23 35 • €

SERVICE

Auskunft

Tourist Information Centre, 64 Whitesands • Tel. 0 13 87/25 38 62 • www.dumfriesandgalloway.co.uk

Ziele in der Umgebung

◎ Alloway
▶ S. 117, F 18

Zum Burns National Heritage Park gehören das Geburtshaus von Robert Burns mit Museum, ein Burns Monument und das nach seiner berühmtesten Ballade benannte Besucherzentrum Tam O'Shanter Experience.
Burns Heritage Park: April–Sept. tgl 10–17.30, Okt.–März tgl. 10–17 Uhr • Eintritt 8 £, Kinder 5,25 £
96 km nordwestl. von Dumfries

◎ Culzean Castle and Country Park
▶ S. 117, E 19

Hier ist alles spektakulär: die Lage an der Steilküste, die Räume auf der Seeseite und vor allem das ovale dreistöckige Treppenhaus von Meisterarchitekt Robert Adam.
Tel. 0 16 55/88 44 00 • April–Okt. tgl. 10.30–17 Uhr • Eintritt 12 £
115 km westl. von Dumfries

Kelvingrove Art Gallery and Museum (▸ S. 40), Glasgows größtes Museum und Kunstgalerie, besitzt eine der umfangreichsten Kunstsammlungen Europas.

◎ Drumlanrig Castle

▸ S. 118, A 23

Der imposante Renaissancebau, das Landschloss des Herzogs von Buccleuch, aus rosafarbenem Sandstein sieht noch aus wie vor 300 Jahren, als er errichtet wurde. Berühmt ist das Schloss für seine Gemälde. Im Schlosspark begegnet man herumstolzierenden Pfauen und Fasanen.
Tel. 0 18 48/33 15 55 • April–Aug.
tgl. 11–16 Uhr • Eintritt 9 £, Kinder
5 £
29 km nördl. von Dumfries

◎ Whithorn

▸ S. 117, F 20

870 Einwohner

Hier wirkte der erste schottische Missionar Ninian im frühen 5. Jh. Der Latinus-Stein im Museum ist das früheste Zeugnis des Christentums in Schottland. In Isle of Whithorn isst man im Pub The Steam Packet am Hafen oder wandert über die Klippen zu Ninians Höhle.
Whithorn Priory Museum • www. withornpriorymuseum.gov.uk • tgl. 10.30–17 Uhr • Eintritt 4,50 £, Kinder 2,25 £

Glasgow
▶ S. 118, A 21

580 000 Einwohner

Stadtplan ▶ Klappe hinten

Längst hat Glasgow das Image einer Arbeiterstadt abgeschüttelt und seine kulturellen Schätze, das Ergebnis

---

MERIAN-Tipp ◆ **5**

CHARLES RENNIE MACKINTOSH

In einer kurzen Phase um das Jahr 1900 schuf Charles Rennie Mackintosh in Glasgow Bauwerke, die den europäischen Jugendstil entscheidend beeinflussten. Atemberaubend sind seine Innenräume, deren Einrichtung er bis ins letzte Detail selbst entwarf. Als sein Hauptwerk gilt die Glasgow School of Art (167 Renfrew Street, ▶ Klappe hinten, d 4, Führungen Tel. 01 41/3 53 45 26, April–Sept. 10–17 Uhr zu jeder vollen Stunde, Okt.–März tgl. 11 und 15 Uhr). Sehenswert sind auch sein im Hunterian Art Gallery rekonstruiertes Wohnhaus und die Café-Einrichtung der Willow Tea Rooms (Sauchiehall Street 217, ▶ Klappe hinten, e 5). Einen Überblick über sein Lebenswerk bieten die Charles Rennie Mackintosh Society in seiner Queen's Cross Church (Garscube Road, ▶ Klappe hinten, nördl. d 4, www.crmsociety.com) und die Ausstellung in seinem Erstlingswerk, The Lighthouse, einem ehemaligen Zeitungsbüro, heute Centre for Architecture, Design and the City (Glasgow, 11 Mitchell Lane, abseits Buchanan Street, ▶ Klappe hinten, e 5, Mo–Sa 10.30–17, So 12–17 Uhr, Eintritt 3 £).

---

der Blütezeit im 18. und 19. Jh., herausgeputzt. Der Atlantikhandel im 18. Jh. bescherte der Stadt die prächtigen Lagerhäuser des Merchant-City-Viertels, in denen sich modische Geschäfte und Restaurants etabliert haben. Auch das 19. Jh., als Glasgow im Schiffbau weltführend war, hinterließ ein reiches architektonisches Erbe, das man um den **George Square** bewundern kann. Dort, wo heute die gotische Kathedrale steht, gründete der hl. Mungo im 6. Jh. ein Kloster.

Das wirtschaftliche Wachstum der Stadt zeigt sich in einer vitalen Kultur- und Gastronomie-Szene.

SEHENSWERTES

St. Mungo Cathedral
▶ Klappe hinten, f 5

Die einzige große gotische Kirche auf dem schottischen Festland, die die Reformation überstanden hat. Das St. Mungo Museum nebenan widmet sich der religiösen Kunst. Kathedrale: Mo–Sa 9.30–17.30, So 13–17.30, Okt.–März bis 16 Uhr • Museum tgl. 10–17 Uhr • Eintritt frei

MUSEEN

Burrell Collection
▶ Klappe hinten, südl. a 6

Die 8000 Exponate des Reeders Sir William Burrell bilden eine bedeutende Kunstsammlung, die von Gemälden über Keramiken bis hin zu orientalischer Kunst reicht. Pollok Country Park • Tel. 01 41/ 2 87 25 50 • Mo–Do, Sa 10–17, Fr und So 11–17 Uhr • Eintritt frei

Kelvingrove Art Gallery and Museum
▶ Klappe hinten, c 4

Großartige Kunstsammlung (Rembrandt, Botticelli, Impressionisten),

Ausstellungen über Charles Rennie Mackintosh, Design, Natur …
Mo–Do, Sa 10–17, Fr und So 11–17 Uhr • Eintritt frei

Hunterian Art Gallery
▸ Klappe hinten, c 4

Neben schottischen Gemälden des 19. und 20. Jh. bestechen Werke des Amerikaners James Abbott Mac Neill Whistler und das Mackintosh-House.
82 Hillhead Street • Tel. 01 41/ 3 30 54 31 • www.hunterian.gla.ac. uk • Mo–Sa 9.30–17 Uhr • Eintritt frei

Hunterian Museum
▸ Klappe hinten, c 4

Herrlich altmodisches Museum, das Sammlungen zu Themen wie Archäologie, Geologie beherbergt.
University Avenue • Tel. 01 41/ 3 30 42 21 • Mo–Sa 9.30–17 Uhr • Eintritt frei

Gallery of Modern Art
▸ Klappe hinten, e 5

Wechselausstellungen zeitgenössischer Kunst ergänzen die empfehlenswerte ständige Sammlung.
Royal Exchange Square • Mo–Do, Sa 10–17, Fr und So 11–17 Uhr • Eintritt frei

People's Palace
▸ Klappe hinten, f 6

Alltagsleben in Glasgow seit 250 Jahren. Nach dem Besuch spaziert man über den Park Glasgow Green zum River Clyde.
Glasgow Green • Tel. 01 41/7 12 71 29 62 • Mo–Do, Sa 10–17, Fr und So 11–17 Uhr • Eintritt frei

SPAZIERGANG

Stadtplan ▸ Klappe hinten

Vom **Royal Exchange Square** mit der klassizistischen **Gallery of Modern Art** führt die **Queen Street** in

Die Glasgow School of Art wurde 1897 bis 1907 nach den Plänen des schottischen Jugendstil-Architekten Charles Rennie Mackintosh (▸ MERIAN-Tipp, S. 40) geschaffen.

MERIAN-Tipp 6

NEW LANARK ▶ S. 118, A 22

Aus der 1785 gegründeten Textilfabrik wurde viel mehr als ein technisches Denkmal. Der visionäre Sozialreformer Robert Owen erkannte, dass nur zufriedene Arbeiter Bestleistungen bringen, und setzte in der Modellsiedlung mit Schule, Bibliothek und Tanzsaal seine utopischen Vorstellungen in die Praxis um. Das große Gelände im Tal am River Clyde gibt faszinierende Einblicke in das Arbeiterleben vor 200 Jahren. Tel. 0 15 55/66 13 45 • www.new lanark.org • April–Sept. tgl. 10–17, Okt.–März tgl. 11–17 Uhr • Eintritt 6,95 £ 40 km südöstl. von Glasgow

nördlicher Richtung zum **George Square** mit imposanter Architektur des 19. Jh., insbesondere den **City Chambers** (Rathaus; mit Führungen) an der Ostseite. In der **Merchant City** zwischen Ingram Street und Trongate man sieht restaurierte Lagerhäuser des 18. Jh., am östlichen Ende der **Ingram Street** geht es nach links zur **Kathedrale**. Dauer: 45 Min.

ÜBERNACHTEN

One Devonshire Gardens Hotel
▶ Klappe hinten, nordwestl. d 4

Westend Luxus • In diesem Ensemble aus fünf herrschaftlichen Wohnhäusern steigt die Prominenz ab. Im hoteleigenen Bistro werden beste Weine kredenzt.
1 Devonshire Gardens • U-Bahn: Hillhead • Tel. 01 41/3 39 20 01 •

www.onedevonshiregardens.com • 49 Zimmer • €€€€

Malmaison ▶ Klappe hinten, d 5

Reformierte Eleganz • Zentral gelegen im Umbau einer griechisch-orthodoxen Kirche.
278 West George Street • U-Bahn: Buchanan Street • Tel. 01 41/5 72 10 00 • www.malmaison.com • 76 Zimmer • €€€

ESSEN UND TRINKEN

Rogano's ▶ Klappe hinten, e 5

Art-déco-Interieur • Den Gast erwarten ein Dekor aus den 1930er-Jahren und gute Fischspezialitäten.
11 Exchange Place • U-Bahn: Buchanan Street • Tel. 01 41/2 48 40 55 • €€€

Ubiquitous Chip

Szenelokal • Der »Chip« leistete vor 35 Jahren Pionierarbeit – einheimische Gerichte mit schottischen Zutaten auf Gourmet-Niveau. Preiswerter sind der Brasserie-Bereich und die Gerichte an der Bar.
12 Ashton Lane (Byres Road) • U-Bahn: Hillhead • Tel. 01 41/ 3 34 50 07 • €€€

EINKAUFEN

Für Spezialitäten und neueste Mode ist die Merchant City, für Antiquitäten das West-End eine Fundgrube.

AM ABEND

In Glasgow sind die Scottish Opera (Theatre Royal, 282 Hope Street, Tel. 08 70/0 60 66 47), das Scottish Ballet und das Royal Scottish National Orchestra (Royal Concert Hall, 2 Sauchiehall Street, Tel. 01 41/ 3 53 80 00) beheimatet.
63 Trongate • Tel. 01 41/5 52 42 67

SERVICE
AUSKUNFT
Glasgow Tourist Office

▸ Klappe hinten, e 5

11 George Square • Tel. 01 41/
2 04 44 00 • www.seeglasgow.com

Ziele in der Umgebung
◎ Loch Lomond ▸ S. 117, F 17

Großbritanniens größter Binnensee.
Die Insel Inchcailloch ist Naturschutzgebiet und im Sommer gut
besucht. Cruise Loch Lomond Ltd.
bietet von Tarbet aus Seefahrten an.
Tel. 0 13 01/70 23 56
32 km nordwestl. von Glasgow

Kelso ▸ S. 119, D 22

5400 Einwohner

Mit seinem klassizistischen Rathaus
am Marktplatz, der reizvollen Stein-
brücke über den River Tweed und
den Überresten der ehemals mächti-
gen **Kelso Abbey** lädt das Städtchen
zum Bummeln ein. Von der 1803 erbauten **Rennie-Brücke** aus hat man
einen schönen Blick auf **Floors
Castle**, das als größtes Schloss der
britischen Hauptinsel gilt. Der Südosten ist eine Landschaft der Hügel
und Moore, durch die der Lachsfluss
Tweed mäandert, von den Cheviot
und Tweedsmuir Hills im Süden
und von den Lammermuir und
Pentland Hills im Norden einge-
fasst. Die »Borders« waren aber auch
ein Gebiet jahrhundertelanger
Kämpfe zwischen Schotten und
Engländern.

SEHENSWERTES
Floors Castle ▸ S. 119, D 22

1721 von William Adam für den
5. Earl of Roxburghe gebaut und im
19. Jh. von William Playfair im Stil
der Tudor-Gotik umgestaltet.

Mai–Okt. tgl. 11–17 Uhr • Eintritt 8 £
3 km nordwestl. von Kelso

Kelso Abbey ▸ S. 119, D 22

Von der 1128 gegründeten Abtei
stehen nur noch die Ruinen des Tur-
mes und der Westfront.

SERVICE
AUSKUNFT
Tourist Information Centre
Town House, The Square, Kelso •
Tel. 0 18 35/86 31 70

Ziele in der Umgebung
◎ Abbotsford House
▸ S. 118, C 22

Der Entstehungsort der »Waverley
Stories« (Sir Walter Scott), der Geschichte der letzten jakobitischen
Rebellion. In seinem Haus sind Erinnerungsstücke ausgestellt.
Tel. 0 18 96/75 20 43 • Mo–Sa 9.30–
17, So 11–16, Juni–Sept. So 9.30–
17 Uhr • Eintritt 7 £
26 km westl. von Kelso

◎ Dryburgh Abbey ▸ S. 119, D 22

Die letzte Ruhestätte Sir Walter
Scotts. Die im 12. Jh. gegründete Abtei war die erste schottische Depen-
dance der Prämonstratenser.
Tel. 0 18 35/82 23 81 • April–Sept.
tgl. 9.30–17.30, Okt.–März tgl.
9.30–16.30 Uhr • Eintritt 4,70 £
17 km westl. von Kelso

◎ Melrose Abbey ▸ S. 118, C 22

Erhalten sind Teile des spätgoti-
schen Baus aus dem 15. Jh. Das Herz
von König Robert the Bruce, Schottlands Nationalhelden, ist unter dem
Hochaltar begraben.
Tel. 0 18 96/82 25 62 • Öffnungszeiten
wie Dryburgh Abbey • Eintritt 5,20 £
22 km westl. von Kelso

Im Fokus

Mythos Whisky
Das bernsteinfarbene Getränk mit dem unverwechselbaren Charakter ist nicht nur Nationalgetränk, sondern auch ein Export-Schlager.

Ralf, Malle und Henri reden von nichts anderem. Sie stehen im kleinen Verlaufsladen der Calmac-Fähre und sondieren das Whiskyangebot. Viel Auswahl gibt es nicht, dafür aber einen Malt des Monats zum Sonderangebot. Die drei Männer lassen sich den Standard Laphroig, einen nach Phenol, Jod und Rauch riechenden Single Malt, einschenken und verziehen sich mit ihren Gläsern auf eines der altmodischen Salon-Sofas. Hier fachsimpeln sie über Alkoholgehalt, Farbe, Alter und unabhängige Abfüller, die draußen vorbeiziehenden grün-ocker-braunen Nuancen der Landschaft von Kintyre sehen sie kaum. Warum auch, sie sind des Whiskys, nicht der Landschaft wegen hier. Die Fähre bringt sie wie jedes Jahr auf die Hebrideninsel Islay, ein vom Atlantik umtostes Eiland, das vornehmlich aus Wiesen, Heide und Torf besteht. Mit dem Torf hat man früher schon die Gerste für die Whiskyproduktion gemälzt. Bis heute hat sich an dem Verfahren wenig geändert.

Wasser des Lebens

Das Wasser für die Herstellung der Whiskies tritt durch Torfböden an die Oberfläche und fließt über die Heidemoore zur Küste. Fast alle der acht Brennereien der Insel liegen am Meer, wo die krachenden Wellen an ihren Außenmauern lecken. Von hier konnten im 19. Jh., als die Whiskyprodukti-

◄ Hochprozentiger Genuss: Als Exportschlager beschert Whisky (▶ S. 44) der schottischen Wirtschaft satte Gewinne.

on dank einer großzügigen Steuerpolitik zu florieren begann, die Fässer für den Export direkt auf die Boote verladen werden. Damals boomte auch der Schmuggel, denn die getorften Islay Whiskies waren für ihren starken, unverwechselbaren Charakter bekannt. Bis heute. Kenner schwören auf die rauchigen, kräftigen Whiskys der Insel. Salz- und Seetangnoten und sogar den Atlantikwind wollen sie aus dem bernsteinfarbenen Getränk herausschmecken. Neben Vanille, Rosinen, Zimtsternen, Asphalt, Medizin und vielen anderen Facetten und Aromen. Whisky liegt seit Jahren hoch im Trend, immer größer wird die Nachfrage nach dem, was die Schotten auf Gälisch »Uisge Beatha« – Wasser des Lebens – nennen.

Exportschlager

Eine gigantische Vermarktungsmaschinerie hat das schottische Nationalgetränk in die Riege der britischen Exportschlager katapultiert und beschert der Ökonomie jährlich 2,5 Mrd. Pfund. Obwohl in Schottland seit Jahrhunderten aus Gerste gebrannt wird, sind die heute gefeierten Single Malt Whiskys ein vergleichsweise recht junges Phänomen. Noch bis in die späten 1960er-Jahre war Whisky zu fast 100 % »Blended Whisky«, eine aus mehreren Brennereien und Jahrgängen verschnittene Mixtur. Dieser billige Fusel wurde in den hiesigen Pubs seiner Wirkung und weniger seiner geschmacklichen Raffinesse wegen getrunken. Connaisseure hielten ihre Nasen in Wein- und Brandygläser, niemand kam auf die Idee, auch Whisky

als ein hochkomplexes Getränk zu kommunizieren. Bis in den 1980er-Jahren die großen schottischen Destillen das kommerzielle Potenzial ihres »rohen Materials« erkannten.

Lukratives Geschäft

William Grant von Dufftown war einer der Ersten, der diesen Trend aufgespürt und seinen Glenfiddich als Single Malt vermarktet hat. Wie profitabel das war, zeigt sich darin, dass die Familie Grant heute die zweitreichste in Schottland ist. Die Grants haben ebenso erkannt, dass auch der Prozess der Herstellung sich als Teil des schottischen Images vermarkten lässt, und haben 1969 das erste Besuchszentrum eingerichtet. In zehn Sprachen schleusen 25 »Guides« mehr als 120 000 Besucher jedes Jahr durch die beeindruckende Produktionsanlage. Das Geschäft boomt, denn jeder Whisky schmeckt anders und liefert eine Menge Gesprächsstoff. In Dutzenden Online-Foren, Clubs und Magazinen werden Jahrgänge und Spezialeditionen, neue Brennereien, Versteigerungen und Abfüller diskutiert, in Seminaren, Verkostungen und jährlichen Whisky-Messen fachmännisch verhandelt. Selbst Volkshochschulen und Buchhandlungen nehmen Abendkurse, Vorträge und Whisky-Proben ins Programm. Das heizt natürlich den Mythos an und lässt die Touristen in Scharen die Seele Schottlands im Malzwhisky suchen.

Auf der Hebrideninsel Islay wird jährlich Ende Mai eine Woche lang den Insel-Whiskys auf dem Island Festival of Music and Malt »Feis Ile« (www.theislayfestival.co.uk) gehuldigt. Dann reisen sie wieder von fern an, die Whiskygurus, Connaisseure, Liebhaber, Laien und Experten.

Von Stirling bis Aberdeen

Liebhaber von romantischen Schlössern und Burgen,
aber auch Wanderer und Naturfreunde kommen in dieser
landschaftlich reizvollen Gegend auf ihre Kosten.

◄ An der Union Street im Herzen Aberdeens (► S. 53) liegen viele Sehenswürdigkeiten, darunter das Rathaus.

Stirling ► S. 118, A 21

33 000 Einwohner

Hebriden

Norden

Westküste   Stirling

Metropolen

Zwischen dem hoch gelegenen Stirling Castle und dem River Forth liegt die pittoreske Altstadt. Die **Little Houses** aus dem 16. und 18. Jh. an der Broad Street erinnern ebenso an die ereignisreiche Geschichte der Stadt wie **The Tolbooth**, das Rathaus mit dem Gefängnis, die **Guild Hall**, das Zunfthaus, der Marktplatz und **The Old Bridge** über den Forth. Immer wieder bietet sich ein Blick auf die Schlossfestung, die die dicht gedrängten Häuser majestätisch überragt. Dank seiner zentralen Lage war Stirling einer der vier Orte, die bereits im 13. Jh. zur »Royal Burgh« aufstiegen. Strategisch wichtig als Tor ins Hochland, wurde die Befestigungsanlage Schauplatz zahlreicher Schlachten.

SEHENSWERTES

Argyll's Lodging

In dem Renaissancegebäude aus dem Jahr 1630 befindet sich ein elegant eingerichtetes Museum.
Castle Wynd • tgl. 9.30–17.30 (Okt.–März 16.30 Uhr) • Eintritt 4,50 £

Old Town Jail

Den Besucher erwartet eine unterhaltsame Führung durch das alte Gefängnis mit kostümierten Schauspielern.
St. John Street • Mai, Okt. 10–17, Nov.–März 10–16 Uhr • Eintritt 6,50 £

Stirling Castle ★

Die Schlossfestung aus dem 15. Jh. liegt auf einem 75 m hohen Basaltfelsen. Eindrucksvoll sind die Türme aus der Zeit Jakob III. Im Inneren sind der Parlamentssaal, die Königliche Kapelle vom Ende des 16. Jh., die Große Halle aus dem 15. Jh. und der Renaissancepalast Jakob V. sehenswert.
Ostern–Sept. 9.30–18, Okt.–Ostern 9.30–17 Uhr • Eintritt 9 £

Wallace Monument

Von dem Denkmal aus hat man einen herrlichen Blick auf die Stadt. William Wallace (»Braveheart«, im oscargekrönten Hollywood-Film von Mel Gibson dargestellt) besiegte im Jahr 1297 an der Brücke von Stirling eine englische Armee.
Tgl. 10–17, Juni–Aug. 10 18, Nov.–Feb. 10–16 Uhr • Eintritt 7,75 £

ÜBERNACHTEN

Royal Hotel

Herzlicher Empfang • Hotel in einem Gebäude aus dem 19. Jh.
Bridge of Allan, Henderson Street • Tel. 0 17 86/83 22 84 • www.royal-stirling.co.uk • 43 Zimmer • €€
4 km nördl. von Stirling

ESSEN UND TRINKEN

Hermann's

In historischem Gemäuer • »Highlands meet Alps«! Schottische und österreichische Gerichte.

Broad Street • Tel. 0 17 86/45 06 32 •
€€€

Darnley Coffee House
Suppen und Snacks • Preiswertes Essen gibt es mittags und zur »teatime« in dem Haus, in dem der zweite Ehemann von Maria Stuart, Lord Darnley, logierte.
18 Bow Street • Tel. 0 17 86/47 44 68 •
€

SERVICE
AUSKUNFT
Tourist Information
Castle Esplanade • Tel. 0 87 07/
20 06 22 • www.visitscottishheart
lands.com

Ziele in der Umgebung
◎ **Balquhidder**   ▶ S. 113, F 12
760 Einwohner
Der am Loch Voil wunderschön gelegene Ort ist die letzte Ruhestätte des Helden Robert Roy MacGregor, besser bekannt als Rob Roy.
52 km nordwestl. von Stirling

ÜBERNACHTEN
Monachyle Mhor ♟♟
Trendiges Landhotel • Das Hotel in einem Bauernhaus ist stilvoll eingerichtet und hat ein preisgekröntes Restaurant, das Zutaten aus der Gegend verwendet – Wild und Moorhuhn erlegt der Besitzer persönlich.
Balquhidder, Perthshire • Tel.
0 18 77/38 46 22 • www.monachyle
mhor.com • 10 Zimmer, auch Ferienwohnungen für 4–6 Personen, 330–750 £ pro Woche • €€€

◎ **Bannockburn**   ▶ S. 118, A 21
König Robert the Bruce erkämpfte in der Schlacht von Bannockburn im Juni 1314 mit nur 6000 Soldaten die schottische Unabhängigkeit gegen eine Übermacht von 20 000 Mann der englischen Streitmacht unter König Edward II. Die Wiederherstellung der schottischen Unabhängigkeit machte ihn zum Nationalhelden. Im Besucherzentrum kann man anhand einer audiovisuellen Show die Entscheidungsschlacht nachvollziehen.
März–Okt. tgl. 10–17.30 Uhr • Eintritt 5,50 £
3 km südl. von Stirling

◎ **Trossachs**   ▶ S. 113, F 12
Die herrliche Berg- und Seenlandschaft der Trossachs nordwestlich von Stirling lockt viele Wanderer und Naturfreunde an. Auf dem idyllischen Loch Katrine verkehrt das Dampfschiff »Sir Walter Scott«. Am südlichen Ende des Loch Lubnaig beginnt der kurze aber steile Aufstieg auf den Ben Ledi, mit 879 m der höchste Berg der Trossachs.
Loch Katrine • Dampfschiff: Ende Juni–Ende Sept. tgl. 10.30, 13.30, 15 Uhr • Fahrpreis 11 £ (1 Std.)
42 km westl. von Perth

Perth   ▶ S. 114, B 16
45 000 Einwohner
Besuchern hat der hübsch am Tay gelegene Ort wenig Sehenswertes zu bieten – doch immerhin war Perth bis 1452 schottische Hauptstadt. Der Mangel an Sehenswürdigkeiten geht auf das Konto des Calvinisten John Knox, der 1559 in der St. John's Kirk zum Bildersturm aufrief. Seine Anhänger plünderten nicht nur die Kirchen und Klöster, sie verwüsteten die Grundmauern gleich mit. Perth ist dennoch eine ansehnliche Handelsstadt, die gerne als »Tor zum Hochland« bezeichnet wird.

SEHENSWERTES

Perth Museum and Art Gallery

Hier wird alles über die Geschichte und das Leben der Menschen in dieser Gegend gezeigt.

78 George Street • Mo–Sa 10–17 Uhr • Eintritt frei

ESSEN UND TRINKEN

Let's Eat

Kreative Küche • Gehört zur neuen Gattung von Restaurants, die zeigen, dass auch in Schottland kreative Küche in einem erfrischenden Ambiente möglich ist.

77 Kinnoull Street • Tel. 0 17 38/64 33 77 • €€€

SERVICE

Perthshire Tourist Board

Lower City Mills, West Mill Street • Tel. 0 17 38/45 06 00 • www.perthshire.co.uk • Mo–Sa 9–17, So 10–16 Uhr (Nov.–März geschl.)

Ziele in der Umgebung

◎ **Blair Castle**   ▶ S. 114, B 15

An dem strahlend weißen Schloss wurden seit dem 13. Jh., als der Cumming's Tower gebaut wurde, ständig Veränderungen vorgenommen: georgianischer Umbau im 18. Jh., im 19. Jh. im Baronial Style des 16. Jh. In 32 Räumen sind beachtliche Schätze angehäuft. Der Herzog von Atholl unterhält noch immer die einzige Privatarmee des Landes (und Europas).

April–Okt. tgl. 9.30–17.30, Nov.–März Di–Sa 9.30–14.30 Uhr • Eintritt 9,25 £

58 km nordwestl. von Perth

ÜBERNACHTEN

The Inn on the Tay

Familiengeführter Komfort • Große, modern eingerichtete Familienzimmer in einer Herberge mit gutem Restaurant am Ufer des River Tay.

So stilvoll tafelt es sich auf Blair Castle (▶ S. 49). Auf der Burg sind die »Atholl Highlanders«, die einzige legale Privatarmee Europas, stationiert.

Grandtully (an der A 827 südl. von Blair Castle) • Tel. 0 18 87/84 07 60 • www.theinnonthetay.co.uk • 5 Zimmer • €€

◎ Dundee   ▸ S. 114, C 16

142 000 Einwohner

Schottlands viertgrößte Stadt liegt am **Firth of Tay**. Wer mit dem Zug von Edinburgh nach Norden fährt, rollt über die 3277 m lange **Tay Bridge**. Ihre Vorgängerin wurde im Dezember 1878 bei einem Sturm in die Tiefe gerissen; dabei kamen 75 Menschen ums Leben. Parallel verläuft die Straßenbrücke. Die Stadt erholt sich vom Niedergang ihrer alten Industrien, Jute und Marmelade, und bemüht sich, ihre Sehenswürdigkeiten zu vermarkten: allen voran das hochinteressante Royal Research Ship »Discovery« und die Fregatte »Unicorn«. Dazu kommen ein noch gut erhaltenes Stadttor von 1519, drei sehenswerte Kirchen aus dem 19. Jh., der unter Maria Stuart entstandene Friedhof »The Howff« und das Museum sowie die Kunstgalerie der Stadt Dundee.

34 km östl. von Perth

SEHENSWERTES

Royal Research Ship »Discovery«

Die »Discovery« wurde im Jahr 1901 in Dundee gebaut. Mit ihr unternahm Captain Robert Scott seine Expedition in die Antarktis. 1912 erreichte er den Südpol, vier Wochen nach seinem norwegischen Rivalen Roald Amundsen. Auf dem Rückweg kamen er und sein Trupp bei Schnee- und Eisstürmen ums Leben.

Discovery Quay • April–Okt. Mo–Sa 10–18, So 11–18, Nov.–März Mo–Sa 10–17, So 11–17 • Eintritt 8 £

»Unicorn« ⛵⛵

Die Fregatte »Unicorn« (Einhorn) ist ein Kriegsschiff aus Holz. Sie wurde 1824 vom Stapel gelassen und ist das älteste in Britannien hergestellte Schiff zu Wasser. Es verfügt über 46 Kanonen und zeigt, wie sich damals das Leben der Besatzung in der Marine abspielte.

Victoria Dock • Ostern–Okt. tgl. 10–17, Nov.–Ostern Mi–Fr 12–16, Sa–So 10–16 Uhr • Eintritt 5 £

MUSEUM

Broughty Castle

Die Burg am Tay-Ufer aus dem 15. Jh. beherbergt heute ein Stadtmuseum, in dem die Geschichte des Walfanges in Dundee aufgezeigt wird. Vom Turm hat man einen herrlichen Blick auf den Hafen.

Mo–Sa 10–16, So 12.30–16 Uhr, Okt.–März Mo geschl. • Eintritt frei

SERVICE

AUSKUNFT

Tourist Information Centre

Discovery Quay • Tel. 0 13 82/52 75 27 • www.angusanddundee.co.uk

◎ Glamis Castle   ▸ S. 114, C 15

Das sehenswerte Märchenschloss mit seinen Spitztürmen und Zinnen gehört seit 1372 dem Geschlecht der Bowes-Lyons. Den herrlichen Park und die Prachtsäle mit Tapisserien, Porträts und Porzellan hat man leider nicht für sich allein, denn Glamis Castle ist auch das Geburtshaus der 2002 verstorbenen »Queen Mum«, die auch nach ihrem Tod viele Busse mit Urlaubern anzieht.

Tel. 0 13 07/84 03 93 • April–Dez. tgl. 10–18 Uhr • Eintritt 9,50 £

42 km nordöstl. von Perth

Direkt am Meer befindet sich die Ruine der St. Andrews Cathedral (▸ S. 52); die einstige Bischofsburg wurde während der Reformation zerstört.

◎ Glenturret Distillery

Die meistbesuchte schottische Whisky-Brennerei ist für ihre Moorhuhn-Werbung berühmt.
Crieff • Tel. 0 17 64 / 65 65 65 •
tgl. 9–18 Uhr • Eintritt 8,95 £
27 km westl. von Perth

◎ Meikleour Beech Hedge
▸ S. 114, B 16

Die 540 m lange und 30 m hohe Buchenhecke soll die größte ihrer Art auf der Welt sein.
20 km nördl. von Perth

◎ Scone Palace   ▸ S. 114, B 16

In Scone, einst Hauptstadt der piktischen Könige, gründete Kenneth MacAlpine 843 das erste gesamtschottische Königreich. Wo heute das Schloss steht, befand sich bis 1559 die beim Bildersturm zerstörte Abtei, die schottische Krönungskirche. Im Palast sieht man Porzellan, Tapisserien und Silber, im Park Jakobsschafe und Pfaue.
April–Okt. tgl. 9.30–17.30 Uhr •
Eintritt 8 £, zum Garten / Park 5,50 £
3 km nördl. von Perth

St. Andrews

▶ S. 115, D 16

18 000 Einwohner

St. Andrews ist eine reizvolle, authentische Kleinstadt. Knochen des Apostels Andreas, der als St. Andrew Schutzheiliger Schottlands ist, soll im 8. Jh. der hl. Regulus aus Konstantinopel gebracht und hier beerdigt haben. 1412 wurde hier die älteste Universität Schottlands gegründet; die Stadt hat auch heute noch ein reges akademisches Leben, das die Immatrikulation des Thronfolgers Prince William medienwirksam unterstützte. Eine schöne Landschaft, das historische Zentrum und romantische Ruinen am Meer machen St. Andrews zum lohnenden Ziel, vor allem für Golfspieler, denn der 1754 gegründete **Royal and Ancient Golf Club** wird weltweit als Heimat des Golfsports verehrt.

Zum Bannkreis der Stadt gehören auch die im Süden gelegenen Fischerdörfer **Anstruther, Crail, Elie, Pittenweem** und **St. Monance**. Eines pittoresker als das andere: mit feinen Sandstränden, Klippen, alten Häusern, Kirchen und malerischen Fischerbooten.

SEHENSWERTES

St. Andrews Castle

Seine blutige Geschichte begann um 1200. Zu sehen sind noch die Toreinfahrt, der mächtige Südturm sowie unterirdische Kerker.
Tgl. 9.30–17.30, Okt.–März bis 16.30 Uhr • Eintritt 7,20 £ inkl. Kathedrale

ÜBERNACHTEN

Old Course Hotel

Berühmtes Golfhotel • Direkt am berühmten Golfplatz liegt das Hotel mit Golfschule, eines der luxuriösesten Häuser Großbritanniens. Erst-

klassiger »Road-Hole«-Grill. Exquisiter Spa mit Wasserfall.
Old Station Rd. • Tel. 0 13 34/ 47 43 71 • www.oldcoursehotel.co. uk • 134 Zimmer • €€€€

Craigsanquhar House

Luxus auf dem Land • Landhaus aus dem 19. Jh. mit eleganter Ausstattung, eigenem Park und einem sehr guten Restaurant, das die schottische Küche von ihrer besten Seite zeigt.
Bei Cupar • Tel. 0 13 34/65 34 26 • www.craigsanquhar.com • 13 Zimmer • €€€€

ESSEN UND TRINKEN

The Seafood Restaurant

Mit Meeresblick • Erstklassiges Fischrestaurant an den Klippen.
Bruce Embankment • Tel. 0 13 34/ 47 94 75 • €€€€

The Central

Treffpunkt am Markt • Für deftiges Pub-Essen und starkes Trappisten-Bier bekannt.
Market Street • €

SERVICE

AUSKUNFT

Tourist Information Centre

70 Market Street • Tel. 0 13 34/ 47 20 21 • www.standrews.co.uk

GOLF

Wer am berühmten »Old Course« spielen will, muss ein Handicap vorweisen und weit im Voraus reservieren oder an der Auslosung der Tee-Zeiten teilnehmen. Weitere Infos gibt es unter 0 13 34/46 66 66 oder www.standrews.org.uk.
»Green Fees« betragen 125 £ am »Old Course«, wesentlich weniger an den anderen Plätzen.

Ziele in der Umgebung

◉ **East Neuk** ▸ S. 119, D 21

Die Küstenstrecke südlich von St. Andrews zwischen Crail im Osten und Elie im Westen heißt East Neuk (Neuk = schottisch für Ecke). Ein wunderschöner Wanderweg verbindet die kleinen Fischerorte, die gemeinsam Anfang Juli ein Musik- und Kunstfestival veranstalten: **Crail** ist für die Töpferei Crail Pottery bekannt, **Anstruther** für den schönen Hafen und Fish & Chips in der Anstruther Fish Bar, **Pittenweem** für Künstlerateliers.
15 km südl. von St. Andrews

ÜBERNACHTEN/ESSEN UND TRINKEN

The Ship Inn

Seemannskost • Historische Kneipe an einem weißen Sandstrand mit Biergarten und guten Fischgerichten. Üppige Portionen für hungrige Wanderer, Segler und Golfer.
Elie, The Toft • Tel. 0 13 33/33 02 46 • www.ship-elie.com • 5 Zimmer • €€

◉ **Falkland Palace and Gardens** ▸ S. 114, C 16

Anfang des 16. Jh. ließen sich die Stuarts in Falkland am Fuß der Lomond Hills ein Jagdhaus im Renaissancestil bauen. Der restaurierte königliche Palast ist auch heute noch in Teilen bewohnbar. Im Schlosspark befindet sich ein 1539 eingerichteter Tennisplatz, der noch genutzt wird.
März–Okt. Mo–Sa 11–17, So 13–17 Uhr • Eintritt 10,50 £, nur Park 3,50 £
34 km westl. von St. Andrews

Aberdeen ▸ S. 115, E 14

207 000 Einwohner
Stadtplan ▸ S. 55
Dem einen gefällt Aberdeen auf Anhieb, dem anderen überhaupt nicht.

Bei trübem Wetter kann die Stadt in der Tat grau und kalt wirken, selbst im Sommer weht oft ein kühler Nordseewind. Scheint hingegen im Sonnenlicht der Granit ihrer Bauten silbern, wird die drittgrößte Stadt ihrem Namen »The silver city by the sea« gerecht. Aberdeens zweites Attribut ist »Blumenstadt der Britischen Inseln«. Kein Wunder, denn wo nicht ganze Blumenteppiche gelegt wurden, erfrischen kleinere Anlagen das Stadtbild. Die Stadt, Hauptort der Region **Grampian**, liegt zwischen den Flüssen Don und Dee. Sie ist ein bedeutender Fischereihafen und Versorgungszentrum der Nordseeölförderung.

SEHENSWERTES

Brig o'Balgownie ▸ S. 55, nördl. b 1

1320 erbaute, einbogige Brücke über den Don.

King's College ▸ S. 55, nördl. b 1

Die King's College Chapel (um 1500 erbaut, Turmaufbau in Form einer Krone, geschnitztes Chorgestühl, mit schottischen Königsköpfen geschmuckte Kanzel) ist das letzte erhaltene Gebäude aus der Gründungszeit der Universität (1495).
Mo–Fr 9.30–17, Sa 11–16 Uhr

Marischal College ▸ S. 55, b 2

Aberdeens zweite und protestantische Universität wurde 1593 gegründet. Das neugotische imposante Gebäude (1905) ist ein Meisterwerk edwardianischer Architektur.
Broad Street

Satrosphere 👤👤 ▸ S. 55, a 3

In diesem Interactive Science and Technology Centre wird Spaß mit Do-it-yourself-Experimenten verbunden. Hier werden auch Kinder spannend unterhalten.

19 Justice Mill Lane • tgl. 10–17 Uhr • Eintritt Erw. 5,75 £, Kinder 4,50 £

St. Machar's Cathedral

▶ S. 55, nördl. b 1

Der Großteil des ungewöhnlich anmutenden Gebäudes stammt aus dem 15. Jh. Das Hauptschiff ist aus Granit; Teile der Querschiffe wurden im 14. Jh. vollendet. 1540 wurde die mit 48 Wappenschildern bemalte Eichendecke fertiggestellt. Schöne Buntglasfenster an der Westfassade.

Chanonry, Old Aberdeen • Mo–Sa 9–17 Uhr

MUSEUM

Aberdeen Maritime Museum

▶ S. 55, b 3

Das Museum dokumentiert die Geschichte der heimischen Seefahrt und das Leben auf den Bohrinseln in einem 1593 erbauten Haus.

Shiprow • Di–Sa 10–17, So 12–15 Uhr • Eintritt frei

ÜBERNACHTEN

The Marcliffe at Pitfodels

▶ S. 55, südwestl. a 3

Spa-Komfort • Am Stadtrand gelegenes Hotel im traditionellen Stil.

North Deeside Road • Tel. 0 12 24/ 86 10 00 • www.marcliffe.com • 42 Zimmer • €€€€

Ardoe House Hotel

▶ S. 55, südwestl. a 3

Baronial-Residenz • Landhaus aus dem 19. Jh. mit extravaganter Architektur und Inneneinrichtung im »baronial style«.

South Deeside Road • Tel. 0 12 24/ 86 06 00 • www.mercure.com • 109 Zimmer • €€€

Carmelite Hotel

▶ S. 55, b 3

Extravagant • Schickes Designhotel mit Zimmern in verschiedenen Preisklassen.

Stirling Street • Tel. 0 12 24/58 91 01 • www.carmelitehotels.com • 50 Zimmer • €€

ESSEN UND TRINKEN

Silver Darlings

▶ S. 55, östl. c 3

Beliebte Fischküche • Schottisch-französische Küche, vor allem Fisch und Schalentiere. Schöner Blick auf Meer und Fluss.

North Pier Pocra Quay • Tel. 0 12 24/ 57 62 29 • Sa mittag und So geschl. • €€€

Ashvale Fish Restaurant

▶ S. 55, südwestl. a 3

Alles aus dem Meer • Eines der besten Fischlokale, ausgezeichnetes Preis-Leistungs-Verhältnis.

46 Great Western Road • Tel. 0 12 24/ 59 69 81 • tgl. 11.45–24 Uhr • €

SERVICE

AUSKUNFT

Aberdeen Tourist Information

▶ S. 55, b 2

St Nicholas House, Broad Street • Tel. 0 12 24/28 88 28 • www.agtb.org

Ziele in der Umgebung

◎ **Balmoral Castle** ▶ S. 114, C 14

Die Sommerresidenz der britischen Königsfamilie liegt zwischen Ballater und Braemar. Das Haus im viktorianischen Baronialstil wurde im 19. Jh. vom Prinzgemahl der Königin Victoria, Albert, entworfen. Nur Schlosspark und Ballsaal können besichtigt werden.

Ostern–Juli tgl. 10–17 Uhr • Eintritt 8,70 £
100 km westl. von Aberdeen

◎ Braemar ▶ S. 114, C 14

830 Einwohner

Nicht nur weil die königliche Familie ihre Ferien hier verbringt und stets am »Braemar Gathering« teilnimmt, zählen die **Braemar Games** ✸ zu den bekanntesten Hochlandfestspie-

WUSSTEN SIE, DASS...

… Robert Louis Stevenson im Treasure Island Cottage in Braemar seinen berühmten Abenteuerroman »Die Schatzinsel« schrieb?

len. Neben dem »Tossing The Caber« erfreuen sich vor allem die Hochlandtänze großer Beliebtheit.

110 km westl. von Aberdeen

◎ Crathes Castle and Gardens ▶ S. 115, D 14

Das typische »Tower House« mit schönen Gärten wurde 1600 fertiggestellt. Zu besichtigen sind die Zimmer der Neun Adligen, der Neun Musen sowie das der »Green Lady«.
April–Okt. tgl. 10.30–16.45, Nov.–März Sa, So 10.30–15.45 Uhr • Eintritt 10,50 £
24 km westl. von Aberdeen

◎ Dunnottar Castle ✸ ▶ S. 115, E 15

Die vom Meer umspülte Festung ist ein beliebtes Fotomotiv.
Ostern–Okt. tgl. 9–18, Okt.–Ostern tgl. 10–17 Uhr • Eintritt 5 £
42 km südl. von Aberdeen

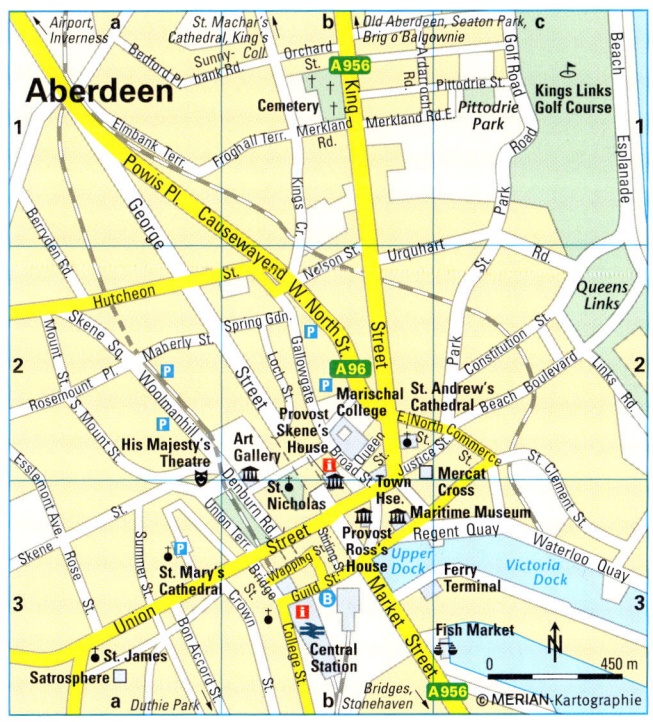

Westküste und ihre Inseln

Einsame Landzungen und unzählige Inselchen wie Mull, Iona, Staffa, Islay, Skye oder Jura sind der Inbegriff des romantischen Schottlands.

◀ Um eine Bucht gruppieren sich die Häuser von Tobermory, dem Hauptort der Insel Mull (▸ S. 59).

Oban ▸ S. 113, D 12

7000 Einwohner

Das Städtchen mit seinem Hafen am Firth of Lorn gilt als »Gateway to the Isles«, als Tor zu den Inseln, die Schutz vor den heftigen Atlantikwinden gewähren. Der geschäftige Ferienort bietet viele kulturelle Veranstaltungen und gute Möglichkeiten zu reizvollen Ausflügen. Im Juli und August ist der Fährhafen überlaufen, denn von hier verlassen die Schiffe in Richtung Hebrideninseln das Festland. Man reserviere sich also lieber rechtzeitig ein Quartier. Theodor Fontane hatte schon im Jahr 1858 Schwierigkeiten, eine Unterkunft zu finden, und musste sich mit Bed & Breakfast zufrieden geben. Dies behagte ihm wenig, andererseits war er »von dem sich im Halbkreis an der Bucht entlangziehenden Ort und dem Reiz und der Weitgespanntheit seiner Ufer« begeistert. Eine schöne Aussicht auf die Stadt und die Bucht bietet sich vom Pulpit Hill, besonders abends.

SEHENSWERTES

MacCaig's Folly

Eine Torheit war, was sich der Banker John Stewart MacCaig 1897 auf dem Battery Hill oberhalb der Stadt anlegen ließ: eine Nachbildung des römischen Kolosseums, die zudem unvollendet blieb, da die Erben des spleenigen Mannes nicht fortsetzen mochten, was er begonnen hatte.

Scottish Sealife Sanctuary

Rund 100 Arten von Meerestieren. Restaurant und Laden am See.

Hebriden

Norden

Westküste

Stirling

Metropolen

Barcaldine bei Oban • www.seal sanctuary.co.uk • Juli–Aug. tgl. 10–20, sonst bis 17 Uhr • Eintritt 10,95 £

ÜBERNACHTEN

The Manor House

Blick auf die Bucht • Georgianisches Haus mit schönem Meeresblick. Gemütlich, empfehlenswerte Küche. Gallanach Road • Tel. 0 16 31/ 56 20 87 • www.manorhouseoban. com • 11 Zimmer • €€€

Alltavona Guest House

Nostalgische Stadtvilla • Ein geräumiges altes Haus in schöner Lage am Meeresufer nördlich der Stadtmitte. Familienbetrieb mit komfortablen Zimmern und üppigem Frühstück. Corran Esplanade • Tel. 0 16 31/ 56 50 67 • www.alltavona.co.uk • 10 Zimmer • €

ESSEN UND TRINKEN

Seafood Temple

Die besten Austern • Nur 20 Plätze bietet dieses Restaurant, dafür das Frischeste aus dem Meer. Gallanach Road • Tel. 0 16 31/ 56 60 00 • €€

Waterfront Restaurant

Fischgerichte • Obans beste Adresse für Meeresfrüchte. Einfache Küche in der Bar, feinere im Restaurant.

Direkt am Fährhafen • Tel. 0 16 31/
56 31 10 • €€/€

SERVICE
AUSKUNFT
Tourist Board Information Centre
Argyll Square • Tel. 0 16 31/56 31 22 •
www.oban.org.uk

Ziele in der Umgebung
◎ Ardanaiseig   ▶ S. 113, E 12
Ein Anwesen von einmaliger Schönheit am Loch Awe. Ein hervorragen-
des Hotel befindet sich im Herrenhaus; der Park gehört zu den Great
Gardens of Argyll.
Ardanaiseig Hotel, Loch Awe • Tel.
0 18 66/83 33 33 • www.ardanaiseig.
com • 16 Zimmer • €€€
35 km östl. von Oban

◎ Arduaine Garden
                      ▶ S. 113, D 12
Ein 8 ha großer Garten in schönster,
geschützter Küstenlage, der vor allem aber während der Rhododen-
dren- und Azaleenblüte sehenswert ist.
Tgl. 9.30 Uhr bis zum Einbruch der
Dunkelheit • Eintritt 5,50 £
32 km südl. von Oban

◎ Crinan   ▶ S. 117, D 17
Der 14 km lange Crinan-Kanal verbindet Loch Fyne mit dem Atlantik.
62 km südl. von Oban

ÜBERNACHTEN/ESSEN UND TRINKEN
Lock 16
Fangfrisch aus dem Meer • Ein Erlebnis sind hier nicht nur die exqui-
sit zubereiteten Schalentiere, sondern auch der späte Sonnenunter-
gang (ca. 21.30 Uhr) im Mai und Juni.
Crinan by Lochgilphead, Argyll •
Tel. 0 15 46/83 02 61 • www.crinan
hotel.com • 20 Zimmer • €€€€

◎ Inveraray   ▶ S. 113, E 12
570 Einwohner
Der pittoreske Ort mit seinen georgianischen Häuschen am Loch Fyne
lohnt einen Besuch.
61 km südöstl. von Oban

SEHENSWERTES
Argyll Wildlife Park
Über 100 Arten von Wildvögeln,
aber auch Wildkatzen und sogar
Kängurus sind hier zu sehen.
Dalchenna • Ostern–Okt. tgl. 10–
17 Uhr • Eintritt 4 £

Inveraray Castle
Besitzer des 1746 errichteten Schlosses ist der Duke of Argyll, »Clan-
chief« der Campbells, die einst der
mächtigste schottische Clan waren.
April–Okt. tgl. 10–17.45,
So 12–17.45 Uhr • Eintritt 9,20 £

MUSEEN
Auchindrain Open Air Museum
Das Freilichtmuseum umfasst ein
ganzes Dorf, das bis in die 1960er-
Jahre bewohnt war.
April–Okt. 10–17 Uhr • Eintritt 4,50 £
9 km südwestl. von Inveraray

Inveraray Jail
In dem (Museums-)Gefängnis aus
dem 19. Jh. bewachen Wärter in alten Uniformen die Gefangenen-
Puppen. Manch hungriger Bursche
musste für das Stehlen eines Schafes
hier ein trauriges Dasein fristen.
April–Okt. tgl. 9.30–18, Nov.–März
10–17 Uhr • Eintritt 7,25 £

ESSEN UND TRINKEN
Creggan Inn
Country Hotel • Alte Herberge mit
sehr komfortabler Einrichtung und
guter Küche am Ufer des Loch Fyne.

Wie in einer Art Galerie findet man in der Kirche von Kilmartin (▶ S. 59) kunstvoll behauene Grabsteine, von denen die meisten aus dem 14. und 15. Jh. stammen.

Tel. 0 13 69/86 02 79 • www.creggans-inn.co.uk • 18 Zimmer • €€€

◎ Kilmartin   ▶ S. 113, D 12
200 Einwohner

In der Dorfkirche finden man Kreuze und Grabsteine aus der frühchristlichen Zeit ab dem 9. Jh. Nebenan bietet das Kilmartin House Museum eine interaktive Darstellung des Lebens im alten Schottland. März–Okt. tgl. 10–17.30, Okt.–Dez. 11–16 Uhr • Eintritt 5 £
52 km südl. von Oban

Mull   ▶ S. 113, D 11

Der Mull-Archipel ist neben Skye zu Recht der meistbesuchte der Hebriden. Auf der 190 qkm großen Insel Mull wohnen nur 2700 Menschen, die vorwiegend von **Schaf- und Rinderzucht** leben. Am schönsten ist die im Süden gelegene **Carsaig-Bucht** mit den Carsaig Arches.

Craignure im Osten, dem Festlandhafen Oban am nächsten, ist das Tor zur Inselwelt von Mull, Iona und Staffa. Die kleine Hauptstadt **Tobermory** (650 Einwohner) liegt im Norden des Eilandes und gilt als der hübscheste Hafen auf den Hebriden. Um die Bucht gruppieren sich bunt gestrichene Häuser und Gaststätten, in denen frischer Fisch und Schalentiere serviert werden.

Besonders empfehlenswert ist die Autofahrt von Tobermory auf der verkehrsarmen Landstraße über Dervaig entlang der Nord- und Westküste.

SEHENSWERTES
Duart Castle

Herrliche Lage an der Ostspitze der Insel. Ehemals war das Schloss der Stammsitz des MacLean-Clans. Mai–Sept. tgl. 10.30–17.30 Uhr • Eintritt 5,50 £

Tobermory Distillery

In der 200 Jahre alten Brennerei am Hafen der Inselhauptstadt wird Whisky nach traditioneller Methode hergestellt. Der Rundgang endet mit einer Kostprobe der Malt Whisky-Sorten Tobermory und Ledaig.
Mo–Fr 10–17 Uhr • Eintritt 3 £

Torosay Castle

Landhaus im Baronial Style, umgeben von Ziergärten.
Mitte April–Okt. tgl. 10.30–17, Garten 9–19 Uhr • Eintritt 7,50 £

ÜBERNACHTEN
Tiroran House

Insel-Idylle • In wunderschöner, einsamer Lage am Loch Scridain im Süden von Mull, von herrlichen Gärten umgeben. Kaminfeuer im Wohnzimmer, hervorragende Küche.
Tiroran • Tel. 0 16 81/70 52 32 • www.tiroran.com • 5 Zimmer • €€€

Western Isles Hotel

Atemberaubende Aussicht • Imposantes viktorianisches Haus mit schönem Meeresblick.
Tobermory • Tel. 0 16 88/30 20 12 • www.mullhotel.com • 28 Zimmer • €€

SERVICE
AUSKUNFT
Tourist Information Tobermory

Main Street • Tel. 0 16 88/30 21 82

Ziele in der Umgebung

◎ **Iona** ► S. 112, C 12

In 10 Min. überquert man den Sund von Mull nach Iona, der Heiligen Insel. Allerdings ohne Auto, denn das ist auf der 130-Seelen-Insel nicht erwünscht. Im 6. Jh. landete hier der irische Missionar Columban mit zwölf Gefolgsleuten, gründete auf der Insel ein Kloster und begann mit der Christianisierung des Festlandes. Eine Ansammlung teils verfallener, teils restaurierter Sakralgebäude zeugt noch heute davon. Die beiden Inselhotels, das Argyll und das St. Columba, sind einfach und freundlich.

ÜBERNACHTEN
Argyll Hotel

► grüner reisen, S. 17

◎ **Staffa** ► S. 112, C 11

Von der nördlichen Erhebung auf Iona sieht man bei klarem Wetter eines der Naturwunder der Welt: Staffa. Von Mull und Iona gehen täglich, wenn das Wetter es erlaubt, Bootsfahrten zu der nur von Schafen und Seevögeln bewohnten Basaltinsel mit der Höhle Fingal's Cave (benannt nach dem keltischen Sagenkönig Fingal) und den erstarrten Lavapfeilern, die der Insel ihren Namen gaben.

Islay ► S. 116, C 17

Wenn der Name dieser Insel genannt wird, geraten **Whisky-Kenner** ins Schwärmen. Vor allem der rauchige, torfige Geschmack zeichnet die Whisky-Sorten aus dem Süden von Islay aus, denn das Malz wird traditionell über einem Torffeuer gedarrt. Strände und Dünen wie die 10 km lange Laggan Bay im Südwesten und die Vogelstation am Loch Gruinart im Norden ziehen auch Naturliebhaber an. Ungewöhnliche Zeugnisse religiöser Kunst sind die runde Kirche der Inselhauptstadt **Bowmore** und die wunderschöne Verzierung eines keltischen Kreuzes im Friedhof von Kidalton.

▶ grüner reisen, S. 18

ÜBERNACHTEN
Port Charlotte Hotel

Inselklassiker • Das Haus bietet Zimmer mit Seeblick und gute Meeresfrüchte im Restaurant. Mit weiß getünchten Häusern um eine sandige Bucht ist Port Charlotte im Westen ein guter Standort.
Port Charlotte, Main Street • Tel. 0 14 96/85 03 60 • www.milford.co.uk/go/portcharlotte.html • 10 Zimmer • €€€

ESSEN UND TRINKEN
The Harbour Inn

Edel & frisch • Vom Restaurant aus kann man zuschauen, wenn die Fischerboote entladen werden. Auch Wild und Rindfleisch munden ausgezeichnet. Es gibt auch einige Gästezimmer.
Bowmore, The Square • Tel. 0 14 96/81 03 30 • www.harbour-inn.com • €€€

EINKAUFEN
Community Garden Islay

▶ grüner reisen, S. 18

SERVICE
ANREISE

Flüge ab Glasgow mit British Airways, 2 Std. Überfahrt mit der Fähre ab Kennacraig auf Kintyre.
Caledonian MacBrayne Ferries • Tel. 0 18 80/73 02 53

Jura   ▶ S. 116/117, C/D 17

Wer Ruhe sucht, wird auf Jura (»Reh-Insel«) fündig. Das Eiland ist hauptsächlich von Rotwild, Vögeln und Seeottern bevölkert – und von 180 Menschen. 1946 zog sich der englische Schriftsteller George Orwell hierher zurück, um ungestört an seinem Roman »1984« zu arbeiten. Besucher können jagen, angeln und auf die drei 800 m hohen Gipfel wandern. Es gibt eine Whisky-Bren-

Nur Schafe und Seevögel bewohnen die Felseninsel Staffa (▶ S. 60). Im Sommer ziehen die Fingalshöhle und die Säulen aus Basalt viele Ausflügler an.

nerei. Nur 5 Min. dauert die Überfahrt von **Port Askaig** auf Islay (Fähreninfo: Tel. 0 14 96/84 06 81).

ÜBERNACHTEN
Jura Hotel

Einziges Hotel der Insel • Keine Luxusherberge, aber preiswert und mit annehmbarem Komfort.
Tel. 0 14 96/82 02 43 • www.jura hotel.co.uk • 18 Zimmer • €

Fort William   ▸ S. 113, E 11

4300 Einwohner

Zur Zeit Oliver Cromwells errichtete General Monk im Flecken Fort William 1655 seine erste Festung – sie sollte 200 Jahre lang Garnison bleiben. Weitere 100 Jahre vergingen, ehe das Städtchen sich zu einem bedeutenden Urlauberzentrum mit eher bescheidener Industrialisierung entwickelte. Es liegt in unmittelbarer Nähe des höchsten Berges der Insel, des 1344 m hohen **Ben Nevis**. Umkreisen nicht gerade Nebelschwaden die Höhen, bietet sich ein herrlicher Blick bis zu den Seen und oft sogar bis zum Atlantik.

SEHENSWERTES
Ben Nevis Distillery

1825 gegründet und somit eine der ältesten Whisky-Brennereien im Lande.
Mo–Fr 9–17, im Sommer Sa 10–16 Uhr • Eintritt 4 £

West Highland Line 🔴6

Die bekannte Eisenbahnroute wurde kürzlich zur schönsten Bahnstrecke der Welt erklärt. Nicht umsonst wurden Filme wie »Harry Potter« und »Braveheart« entlang der Route gedreht. Von Fort William dampft der »Jacobite Steam Train« auf einer landschaftlich grandiosen Strecke zum Atlantik. Im größten Hochmoor Europas schwimmen die Bahngleise auf dem morastigen Untergrund. Veranstalter organisieren geführte und individuelle Rundreisen durch Schottland.
Wind & Cloud Travel • Tel. 01 31/3 31 34 86 • www.schottland-reise.com

MUSEUM
West Highland Museum

Liebenswürdig-exzentrisches Heimatmuseum mit Ausstellung über die Jakobitenaufstände.
Cameron Square • Mo–Sa 10–17, nur Juli–Aug. So 10–16 Uhr • Eintritt 4 £

ÜBERNACHTEN
Inverlochy Castle Hotel

Adelsresidenz • Viktorianisches Herrenhaus mit prunkvoller Innenausstattung. Großer Park. Das Restaurant gilt als eines der besten Hotelrestaurants in Großbritannien.
Tel. 0 13 97/70 21 77 • www.inver lochycastlehotel.co.uk • 17 Zimmer • ♿ • €€€€
1 km östl. von Fort William

Old Pines 👫

Biokost und Vogelgezwitscher • Familienbetrieb auf einem großen Privatgelände mit Tieren, Spielzimmer und einem der besten Restaurants der Highland-Region.
Tel. 0 13 97/71 23 24 • www.old pines.co.uk • 8 Zimmer • €€
14 km nördl. in Spean Bridge

ESSEN UND TRINKEN
Crannog Seafood Restaurant

Krabben, Hummer & Co. • Gute Fischgerichte.
Town Pier • Tel. 0 13 97/70 55 89 • €€

Nicht nur die herrliche Lage in den Highlands, auch Ausstattung, Service und das Toprestaurant des Inverlochy Castle Hotels (▸ S. 62) ziehen viele Gäste an.

SERVICE
AUSKUNFT
Highland of Scotland Tourist Board
Fort William, Cameron Square • Tel. 0 13 97/70 37 81 • www.visit-fortwilliam.co.uk

Ziele in der Umgebung
◎ **Arisaig**   ▸ S. 113, D 10
290 Einwohner

Der Jachthafen des hübschen Orts Arisaig ist unter Seglern beliebt. Vom nahen Loch nan Ceall setzt man zu den kleinen Inseln Rum, Eigg, Muck und Canna über.
56 km westl. von Fort William

◎ **Ben Nevis**   ▸ S. 113, E 11
Erobern Sie einen Viertausender! Gemeint sind 4406 Fuß (= 1343 m). Von Juni bis September verkehren Busse mehrmals täglich von Fort William zum Glen Nevis Visitor Centre (Auskunft, Wettervorhersage, Ranger-Dienst: Tel. 0 13 97/ 70 59 22), wo der »Tourist Path« zum Gipfel beginnt. Für Auf- und Ab-

stieg sollte man insgesamt 6–8 Std. einplanen. Für einen leichteren Spaziergang nimmt man die kleine Glen-Nevis-Landstraße an weidenden Hochland-Rindern vorbei zur Schlucht mit den beiden Wasserfällen Lower Falls und Steall Falls.

8 km östl. von Fort William

ÜBERNACHTEN/ESSEN UND TRINKEN
Ben Nevis Inn

Bergsteiger-Rast • Eine alte Scheune am Fuß des Bergs wurde zu einer einfachen Herberge umgebaut. Kaminfeuer, Livemusik, deftige Gerichte für Wanderer.

Achintee • Tel. 0 13 97/70 12 27 • www.ben-nevis-inn.co.uk • Unterkunft €, Essen €€

◎ Glen Coe   ▶ S. 113, E/F 11

Eines der bekanntesten Täler Schottlands, in dem im Februar 1642 ein blutiges Massaker gegen den Clan der MacDonalds stattfand. Das »Visitor Centre« informiert über Wanderungen. Im Dorf zeigt das Glen Coe and North Lorn Folk Museum u. a. Erinnerungsstücke an Bonnie Prince Charlie.

24 km südöstl. von Fort William

ÜBERNACHTEN
Clachaig Inn

Wander-Lodge • Eine bei Wanderern beliebte Highland-Herberge. Gute Bier- und Whisky-Auswahl. Schöner Bergblick.

Clachaig, Glencoe • Tel. 0 18 55/ 81 12 52 • www.clachaig.com • 23 Zimmer • €€

◎ Kyle of Lochalsh   ▶ S. 113, D 9

Die Fahrt zum Fährhafen der Insel Skye (2 Std.) führt am malerisch gelegenen **Eilean Donan Castle** (13. Jh.) am Loch Duich vorbei.

118 km nordwestl. von Fort William

Bizarre Basaltformation: der 50 m hohe »Old Man of Storr« (▶ S. 65). Kletterer stellt das Gebirge der Insel Skye vor viele Herausforderungen.

◎ **Mallaig** ▸ S. 113, D 10

790 Einwohner

Die Fahrt von Fort William zum Fischerhafen Mallaig gehört zu den reizvollsten Ausflügen. Kurz vor Mallaig erreicht man die »Silver Sands of Morar«, einen zauberhaften Strand an der Mündung des **River Morar**. Der 3 km lange Fluss verbindet **Loch Morar** mit dem Meer.

74 km nordwestl. von Fort William

Skye ⭐ ▸ S. 112, C/D 9

Von Kyle of Lochalsh führt die Skye-Brücke auf die berühmte Insel mit hübschen Gärten und weißen Häuschen. Im Süden erstrecken sich die Bergketten der **Cuillins**. Reizvoll sind die Strecken von Broadford nach Elgol zur Bucht Scavaig und dem See Coruisk oder nach Milovaig im Nordwesten. In dieser Gegend befinden sich auch **Dunvegan Castle and Gardens**. Auf der Halbinsel **Trotternish** im Norden gibt es mit dem 50 m hohen »**Old Man of Storr**« und dem Quiraing-Massiv ungewöhnliche Felsformationen. **Portree**, die Hauptstadt der Isle of Skye, liegt geschützt an einer Bucht.

MUSEUM

Skye Museum of Island Life
▸ S. 108, C 4

Bäuerliche Gebrauchsgegenstände in sieben »Black Houses«.
April–Okt. Mo–Sa 9.30–17 Uhr • Eintritt 2,50 £

ÜBERNACHTEN

Eilean Iarmain Hotel 🍴

Gälische Romantik • Gute Atmosphäre, malerisch gelegen.
Sleat, Isle of Skye • Tel. 0 14 71/ 83 33 32 • www.eileaniarmain.co.uk • 16 Zimmer • €€€

MERIAN-Tipp 7

LOCH SHIEL UND GLENFINNAN
▸ S. 113, D 10

Romantiker lieben in Glenfinnan das Jakobiten-Monument: Hier fing 1745, nach einem Treffen zwischen Bonnie Prince Charlie aus der Stuart-Dynastie und dem Cameron-Clan, die Rebellion gegen die englischen Regierungstruppen an. Westlich des Orts liegt der lange Süßwassersee Loch Shiel, an dessen Ufer jährlich im August die »Glenfinnan Highland Games« veranstaltet werden. Eine Bootsfahrt zeigt die Landschaft von ihrer reizvollsten Seite (Loch Shiel Cruises, Tel. 0 16 87/47 03 22).

22 km westl. von Fort William

Viewfield House Hotel

Viktorianischer Charme • Komfortable Zimmer in altem Gemäuer.
Portree, Viewfield Road • Tel. 0 14 78/ 61 22 17 • www.viewfieldhouse.com • 12 Zimmer • ♿ • €€

ESSEN UND TRINKEN

Three Chimneys Restaurant

Preisgekrönt • Das beste Restaurant auf Skye hat auch sechs Zimmer.
Colbost (bei Dunvegan) • Tel. 0 14 70/ 51 12 58 • www.threechimneys.co. uk • Lunch 12.30–14, Dinner 19– 21 Uhr, So geschl. • €€€€

SERVICE

AUSKUNFT

Highland of Scotland Tourist Board

Portree • Tel. 0 14 78/61 21 37 • www.visithighlands.com/skye und www.skye.co.uk

Norden und die Highlands

Flusstäler, Nadelwälder, Hochmoore, tiefgründige Seen und ein sagenumwobenes Ungeheuer namens »Nessie« ziehen unzählige Besucher in ihren Bann.

◀ Aviemore ist ein idealer Ausgangspunkt für Touren und Ausflüge in den Cairngorm-Nationalpark (▶ S. 67).

Aviemore ▶ S. 114, B 14

2000 Einwohner

Die Entdeckung des **Cairngorm-Gebirges** als Skigebiet verwandelte Aviemore in den 1960er-Jahren vom verschlafenen Dorf zum modischen Reiseziel. Die Kleinstadt ist ein idealer Standort für viele Outdoor-Aktivitäten und Ausgangspunkt für Wanderungen. 2003 wurde das Cairngorm-Gebirge zum **Nationalpark** erklärt. Er erstreckt sich von Grantown-on-Spey im Norden bis zu den Angus Glens im Süden, von Ballater im Osten bis Laggan im Südwesten: 3800 qkm, mit tundraähnlichen Berghängen, ausgedehnten Nadelwäldern und von Heidekraut bedeckten Mooren – ein Hort für seltene Pflanzen und Tiere.

ÜBERNACHTEN

Corrour House Hotel

Waldfrieden • Landhaus aus der viktorianischen Ära auf Gut Rothiemurchus mit schönem Blick auf die Cairngorm-Gipfel.
Tel. 0 14 79/81 02 20 • www.corrour
househotel.co.uk • 8 Zimmer • €€

The Old Ferryman's House

Fähr-Cottage • Eine freundliche B & B-Unterkunft im Dorf Boat of Garten in herrlich altem Gemäuer, wunderschön gelegen.
Tel. 0 14 79/83 13 70 • 4 Zimmer • €

SERVICE
AUSKUNFT
Tourist Information Centre,
Grampian Road • Tel. 0 14 79/
81 09 30 • www.aviemore.co.uk

Hebriden

Norden

Westküste Stirling

Metropolen

Rothiemurchus Estate, Aviemore

Jagd, Tontaubenschießen, Angeln, Mountainbiking, Wandern und weitere Highland-Aktivitäten.
Visitor Centre • Feb.–Okt. tgl. 9–17.30 Uhr • Tel. 0 14 79/81 23 45

Ziele in der Umgebung
◉ **Carrbridge** ▶ S. 114, B 14

Der Landmark Forest Heritage Park ist eine Mischung aus Freizeitpark und Waldschutzgebiet mit Wasserrutschbahn, Lehrpfad und Ausstellung über das Leben in den Highlands. Neueste Attraktion ist die Ausstellung »Microworld«.
Tgl. 10–17, im Hochsommer bis 19 Uhr • Eintritt 12,50 £
9 km nördl. von Aviemore

ÜBERNACHTEN
Muckrach Lodge Hotel

Extravagant • 150 Jahre altes Jagdhaus in einem herrlichen Landschaftsgarten gelegen und zu einem komfortablen Hotel umgebaut. Ausgezeichnetes Restaurant.
Dulnain Bridge • Tel. 0 14 79/
85 12 57 • www.muckrach.co.uk •
12 Zimmer • €€€
16 km nördl. von Aviemore

The Cairn Hotel

Karierter Charme • Gemütliches, familiengeführtes Hotel mit Kaminfeuer, vielen Whiskysorten und guter ländlicher Küche.

Main Road • Tel. 0 14 79/84 12 12 • www.cairnhotel.co.uk • 7 Zimmer • €

WUSSTEN SIE, DASS…

… einige der ältesten Steine der Welt in den Northwest Highlands zu finden sind?

◎ Glenmore Forest Park

▸ S. 114, B 14

Am Fuße der Cairngorm-Berge liegt ein 12 000 Morgen umfassendes Waldgebiet mit großen Föhrenbeständen, den Überresten des alten Caledonian Pine Forest, in dem Wildkatzen und Steinadler, Alpenschneehühner, Rotwild und Auerhähne leben. Am stillen Loch Morlich kann man segeln, Kanu fahren und angeln.

11 km östl. von Aviemore

◎ Highland Wildlife Park 👫

▸ Familientipps, S. 27

◎ Spey-Tal ▸ S. 114, B 13/C 13

Im nördlichen Tal des River Spey und in den umliegenden Gegenden befindet sich eine große Konzentration von Whiskybrennereien, darunter finden sich namhafte Marken wie Glenfiddich, Macallan und Glenlivet, für die das klare Wasser des Spey und seiner Zuflüsse lebenswichtig ist.

Acht Brennereien, darunter die berühmte Glenfiddich Distillery in Duffytown, befinden sich auf dem »Malt Whisky Trail«, der an der Küste in Forres beginnt und nach Keith östlich des Spey führt.

24 km nördl. von Aviemore

ÜBERNACHTEN

Craigellachie Hotel ▸ S. 114, C 13

Whisky wird zelebriert • Populäres Hotel am River Spey. In der Quaich Bar hat man die Qual der Wahl zwischen fast 700 Whisky-Sorten.

Craigellachie, Grampian • Tel. 0 13 40/88 12 04 • www.craigellachie. com • 26 Zimmer • €€€

56 km nordöstl. von Carrbridge

Inverness ▸ S. 114, A 13

57 000 Einwohner

Die Hauptstadt des Hochlandes, strategisch günstig an einem Naturhafen gelegen, ist das größte Handelszentrum der Gegend. Die Innenstadt bietet keine Überraschungen, die schönsten Partien sind noch jene am **River Ness**. Auf den Grundmauern einer früheren Burg wurde im 20. Jh. auf dem **Castle Hill** das Schloss gebaut. In Inverness werden hauptsächlich Gerste für die Whiskyherstellung, Vieh, Wolle, Maschinen und Elektronik umgeschlagen.

Im 6. Jh. regierte hier der König der **Pikten**. Der hl. Columban, der damals die Christianisierung des Festlandes begann, soll ihn, von der Insel Iona kommend, besucht haben. Die Legende besagt, der Missionar habe von einem »seltsamen Tier« im Loch Ness berichtet, das er auf dem Weg beobachtet habe. Vielleicht war damit ja »Nessie« gemeint. Im 11. Jh. entstand das erste steinerne Schloss auf dem Castle Hill, in dem angeblich König **Macbeth** residierte. Und im 12. Jh. wurde Inverness zur »Royal Burgh« erhoben. 600 Jahre später, während der **Jakobitenaufstände**, brannte der Ort völlig nieder. Erst im 19. Jh. setzte langsam eine Gesundung ein. Ein Höhepunkt war der Bau des Kaledonischen Kanals.

Inverness Museum and Art Gallery

In der Galerie wechselnde Ausstellungen, im Museum jakobitische Reliquien und Hochlandkultur.
Castle Wynd • Mo–Sa 10–17 Uhr • Eintritt frei

ÜBERNACHTEN

Culloden House

Alter Adel • Georgianisches Herrenhaus, außerhalb der Stadt, das über ein gutes Restaurant verfügt.
Culloden • Tel. 0 14 63/79 04 61 • www.cullodenhouse.co.uk • 23 Zimmer • €€€€

Glenmoriston Hotel

Boutique-Hotel • Gediegener Luxus am Ufer des River Ness. »Abstract«, das hoteleigene Restaurant mit französischer Küche, gehört zu den besten Schottlands.

20 Ness Bank • Tel. 0 14 63/22 37 77 • www.glenmoriston.com • 30 Zimmer • €€€

Kingsmills Hotel

Spa-Rückzug • Hübsches Hotel im Landhausstil am Stadtrand.
Culcabock Road • Tel. 0 14 63/23 71 66 • www.kingsmillshotel.com • 82 Zimmer • €€

EINKAUFEN

Kiltmaker Visitor Centre

Hier kann man nicht nur einen maßgeschneiderten Schottenrock erstehen, sondern auch alles nur Vorstellbare im »Tartan«-Muster bewundern. Kunden können mitverfolgen, wie ein Kilt geschneidert wird, und erfahren dabei Wissenswertes über dieses Handwerk.
4–9 Huntly Street • Tel. 0 14 63/22 27 81 • Vorführung Ostern–Okt. Mo–Fr 9–17, Verkauf tgl. 9–22 Uhr

Ein echter Schottenrock ist ein Kunstwerk: Im Kiltmaker Visitor Centre (▶ S. 69) kann man einem Kiltmaker bei seiner Arbeit über die Schultern schauen.

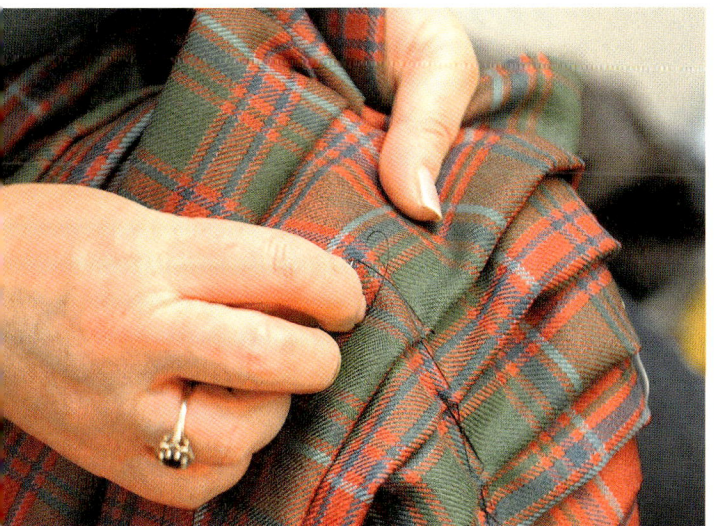

AM ABEND
Hootananny
Oben Pub mit gälischer Livemusik der allerbesten Qualität, unten preiswerte thailändische Küche.

MERIAN-Tipp

GLEN AFFRIC ▸ S. 113, F 9

Das Naturreservat ist eines der landschaftlich schönsten Täler Schottlands. Der Fluss Affric entspringt in einem abgelegenen Bergkessel der Kintail Mountains und stürzt talwärts hinunter bis nach Alltbeithe. Die Landschaft hier ist wild und nackt, die Gipfel erheben sich bis zu 1000 m. Gleich mehrere Ströme fließen aus den umliegenden Tälern in Alltbeithe zusammen. Hier steht auch die einsamste Jugendherberge Großbritanniens, eine Hütte aus Stein und Holz. Es gibt zwar eine Dusche, die aber nur funktioniert, wenn der Windgenerator Energie produziert.

Der Fluss Affric mäandert von hier durch grasige Ebenen, wo Orchideen und andere Wildblumen wachsen. In den zerstreuten Cottage-Ruinen haben früher Mitglieder des Chisholm Clans gewohnt, bevor man sie zur Auswanderung zwang. Am Loch Affric wachsen Reste des alten Caledonian Forest in der 30. Generation. Am Ostende des Sees, auf einer bewaldeten Anhöhe, ist die Affric Lodge das exzellente Beispiel einer viktorianischen Jagdhütte.

Eingang zum Tal in Cannich • www.glenaffric.org
42 km südwestl. von Inverness

67 Church Street • Tel. 0 14 63/ 23 36 51

SERVICE
AUSKUNFT
Tourist Information Centre
Castle Wynd • Tel. 0 14 63/ 23 43 53 • www.inverness-scotland.com

Ziele in der Umgebung
◎ Cawdor Castle ▸ S. 114, B 13
Der Turm von 1372 ist der älteste Teil des Schlosses in Nairn, das durch William Shakespeare Bekanntheit erlangte. In dem Gebäude aus dem 16. und 17. Jh. soll König Duncan von Macbeth ermordet worden sein.
Mai–Mitte Okt. tgl. 10–17.30 Uhr • Eintritt 9 £
21 km östl. von Inverness

◎ Culloden Battlefield
Hier wurde 1746 die letzte große Schlacht auf britischem Boden ausgetragen. Das Schlachtfeld wurde im alten Zustand wieder hergestellt und um ein Besucherzentrum ergänzt.
Tgl. 9–18, Nov.–März 10–16 Uhr • Eintritt 10 £
8 km östl. von Inverness

WUSSTEN SIE, DASS…

… Georg Friedrich Händel nach der Schlacht von Culloden vom englischen Herzog von Cumberland den Auftrag erhielt, zur Siegesfeier ein Oratorium zu komponieren?

◎ Dornoch ▸ S. 110, B 8
1210 Einwohner
Der ruhige kleine Ort, eine Autostunde nördlich von Inverness, er-

Ungebändigte Natur: Im Tal Glen Affric (▶ MERIAN-Tipp, S. 70) bahnt sich ein Wasserfall seinen Weg über moosumwucherte Felsen in den Loch Beinn a'Mheadhoin.

streckt sich um die Kathedrale. Kilometerlange Strände und der nördlichste »Champion-Golf-Course« Großbritanniens ziehen die Prominenz an. Popdiva Madonna heiratete ihren britischen Filmregisseur Guy Ritchie in der Kathedrale aus dem 13. Jh. und feierte im nahen **Skibo Castle** Hochzeit. Der Royal Dornoch Golfplatz, drittältester der Welt, gehört zu den besten Anlagen Schottlands.
Tel. 0 18 62/81 02 19 • www.royal dornoch.com
74 km nordöstl. von Inverness

ÜBERNACHTEN

The Carnegie Club, Skibo Castle
Elitärer Zirkel • 1898 kaufte der amerikanische Milliardär Andrew Carnegie die Burg und baute sie zu einem Landhaus aus. Mitglieder der königlichen Familie und Prominente wie die Rockefellers gehörten zu seinen Gästen, die hier jagten, angelten und Golf spielten. Heute können Mitglieder des Carnegie Clubs auf dem 3000 ha großen Anwesen denselben Vergnügen nachgehen. Nicht-Mitglieder dürfen einmal übernachten, um sich von den Vorzügen zu überzeugen.
Tel. 0 18 62/89 46 00 • www.carnegie clubs.com • €€€€

◎ Fort Augustus ▶ S. 113, F 10
650 Einwohner
In der am Südende von Loch Ness gelegenen Ortschaft findet man eine Ausstellung für Highland-Fans und eine schöne Schleusenreihe am Caledonian Canal. Anfang des 18. Jh. stand hier das vom englischen General Wade errichtete Fort zur Besetzung strategisch wichtiger Punkte.
The Clansman Centre (April–Okt. tgl. 10–18 Uhr)
54 km südwestl. von Inverness

◎ **Loch Ness** ▶ S. 114, A 13/14

Dank dem Ungeheuer Schottlands berühmtester See. Das mit bis zu 325 m ungewöhnlich tiefe Gewässer ist 36 km lang, aber nur 1,5 km breit. Lohnend ist eine Fahrt auf der kaum genutzten Nebenstrecke am Ostufer. Auf der gegenüberliegenden Seite steht **Urquhart Castle**, eine der weitläufigsten Burgruinen Schottlands. Zum Essen lädt das hübsche kleine Polmaily House Hotel (www.polmaily.co.uk) 3 km nordwestl. von Drumnadrochit ein.

24 km südl. von Inverness

SEHENSWERTES

The Official Loch Ness Monster Exhibition Centre 👭

Sachlich wird hier die Geschichte rund um »Nessie« dokumentiert. Man kann auch bequem zu Hause das Ungeheuer suchen, unter www.lochness.co.uk/livecam.

Drumnadrochit • Tel. 0 14 56/ 45 05 73 • im Sommer tgl. 9–18, im Winter bis 16 Uhr • Eintritt 6,50 £

Urquhart Castle

Beeindruckende Burgruine am Westufer des Loch Ness.

April–Sept. tgl. 9.30–18, Okt. tgl. 9.30–17, Nov.–März tgl. 9.30–16.30 Uhr • Eintritt 7 £

Ullapool ▶ S. 109, F 4

1200 Einwohner

Am schönsten ist das am **Loch Broom** gelegene, malerische Fischerstädtchen während der Herings- und Makrelensaison von August bis November, wenn die vielen Fisch verarbeitenden Schiffe anlegen. An der »Seafront« reihen sich einstöckige pittoreske Fischerhäuschen aneinander, in denen meist kleine Hotels, Lokale und Geschäfte untergebracht sind. Ullapool ist nicht nur ein bedeutender Fischerhafen – schon seit dem 18. Jh. –, sondern auch der wichtigste Fährhafen für die Western Isles, die Äußeren Hebriden. Bis hierher fahren die Ausflugsbusse, denn der Ort ist das beliebteste Ferienziel nördlich von Fort William und Oban. Bereits Oskar Kokoschka, der 1938 nach London emigrierte, hielt sich manchmal hier auf, um in der Gegend zu malen, vorwiegend Aquarellzeichnungen stammen aus dieser Zeit.

Biegt man von der Hauptstraße ab, ist die Landschaft um Ullapool menschenleer und von der Zivilisation kaum berührt. 20 km südlich an der A 835 befindet sich eine spektakuläre Schlucht, **Corrieshalloch Gorge**, mit dem Measach-Wasserfall.

ÜBERNACHTEN

The Ceilidh Place

Folk-Treff • Eine sehr gemütliche Herberge. In jedem Zimmer liegen Bücher aus, die ein Mitarbeiter des Ceilidh Place persönlich ausgesucht hat. Angeschlossen sind ein Coffee Shop und Restaurant mit preiswerten Suppen und kleinen Gerichten tagsüber, abends anspruchsvollere Küche. Günstige Unterkunft im »Bunkhouse«.

14 West Argyle Street • Tel. 0 18 54/ 61 21 03 • www.theceilidhplace.com • 13 Zimmer • €€

SERVICE

AUSKUNFT

Tourist Information Centre

6 Argyle Street • Tel. 0 18 54/ 61 21 35 • www.ullapool.com • April/Okt. Mo–Sa 9–17, Mai–Sept. 9–18, So 12–17 Uhr

Ziele in der Umgebung

◎ Achiltibuie ▸ S. 109, E 3

ca. 100 Einwohner

Ein Abstecher in das Dorf auf der Halbinsel Coigach lohnt sich schon wegen des Hydroponicums, einem einzigartigen Gewächshaus.

16 km nördl. von Ullapool

ESSEN UND TRINKEN

Summer Isles Hotel

Fangfrisch • Das ausgezeichnete Fischrestaurant mit unschlagbarem Meerespanorama lockt selbst englische Feinschmecker in den äußersten Nordwesten Schottlands.

Tel. 0 18 54/62 22 82 • www.summer islehotel.co.uk • €€€

Summer Isles Foods

▸ grüner reisen, S. 17

◎ Durness ▸ S. 110, A 6

420 Einwohner

Der Ort ist Ausgangspunkt für einen Ausflug zum Cape Wrath (Kap des Zorns) mit 120 m hohen Klippen. Vogelfreunde können u. a. Basstölpel und Eiderenten beobachten. Per Ruderboot setzt man südlich von Durness über eine schmale Bucht und fährt dann mit einem Minibus noch 20 km bis zum Ziel.

110 km nördl. von Ullapool

◎ Gairloch ▸ S. 109, E 4

320 Einwohner

Der kleine, etwas verschlafen wirkende Ferienort besitzt einen sehr schönen Sandstrand.

88 km südwestl. von Ullapool

ÜBERNACHTEN

Gairloch Highland Lodge

Familiär • Hotel im Grünen mit Blick auf den alten Hafen.

Rossshire • Tel. 0 14 45/71 20 68 • www.gairlochhighlandlodge.net • 17 Zimmer • € • ♿

◎ Inverewe Gardens ⭐ 8 ▸ S. 109, E 4

In einzigartiger Lage direkt am warmen Golfstrom gedeihen Palmen und Eukalyptusbäume, Lilien aus dem Himalaja und Rhododendren. Begründer des botanischen Gartens war der Schotte Osgood Mackenzie, der das 20 ha große Areal erbte.

www.nts.org.uk/property/36 • tgl. 10–15, April–Okt. 9.30–20 Uhr • Eintritt 8 £

78 km westl. von Ullapool

◎ Lochinver ▸ S. 109, F 3

Eine wunderschöne Rundreise von Ullapool zum Fischerdorf Lochinver: Hinfahrt über die kleine Küstenstraße durch Inverkirkaig, zurück über **Loch Assynt** und die herrliche gleichnamige Landschaft. Der nahe gelegene Sandstrand von Achmelvich ist großartig.

59 km nördl. von Ullapool

ÜBERNACHTEN

Inver Lodge Hotel

Panoramazimmer • Einmaliger Blick – von allen Zimmern aus – und idealer Ausgangspunkt zum Angeln.

Lochinver • Tel. 0 15 71/84 44 96 • www.inverlodge.com • 20 Zimmer • €€€

◎ Tongue ▸ S. 110, A 6

Von Tongue bieten sich schöne Ausblicke auf den Ben Loyal (763 m) und den Ben Hope (928 m). In der Nähe liegt die Ruine des Castle Bharraich, das Schloss gehörte einst dem Clan der MacKays.

160 km nordöstl. von Ullapool

Hebriden, Orkney & Shetland

Zerklüftete Gebirgslandschaften und fruchtbare Tiefebenen
prägen die spärlich besiedelten Inseln an der Nord- und
Westküste Schottlands.

◄ In Mangersta erwartet den Besucher einer der schönsten Strände der Hebrideninsel Lewis (▶ S. 75).

Die Äußeren Hebriden
▶ S. 108, A 4/C 2

Die eine Insel ist protestantisch, die andere katholisch, die eine bergig, die andere flach wie ein Pfannkuchen, die eine hat fruchtbare Felder und eine subtropische Flora – der Golfstrom ist nicht fern –, die andere nichts als Felsen und Steine. Über 500 Hebriden-Inseln, die Äußeren und die Inneren, liegen im Atlantik verstreut, einige von ihnen sind so abgelegen und einsam, als befände sich hier das Ende der Welt. 65 sind bewohnt, auf manchen Eilanden leben nur noch ein paar Familien. Die Insulaner sind gastfreundlich, lebhaft, dabei genial unordentlich und trinkfreudig. Die Äußeren Hebriden mit ihren 30 300 Bewohnern, auch »Western Isles« genannt, ziehen sich über eine Länge von 200 km im Atlantik hin. Sie umfassen die Inseln Lewis/Harris, North Uist/Benbecula/South Uist, Eriskay/Barra und St. Kilda weit draußen im Meer, das bereits in den 1930er-Jahren von seinen Einwohnern verlassen wurde.

Lewis/Harris ▶ S. 108, C 2/B 4

Bei den Hauptinseln des Archipels spricht man eigenartigerweise von Lewis und Harris, obwohl sie tatsächlich nur ein Eiland bilden – die Inseln sind nur durch einen hohen Bergkamm getrennt. Zerklüftete Steilküsten und meilenweite Torfmoore im Norden, eine graue Kalksteinlandschaft im östlichen Harris, goldene Sandstrände im Westen. Der 799 m hohe **Clisham** auf Harris ist die höchste Erhebung.

Auf beiden Inseln wird der weltberühmte Harris-Tweed hergestellt, und im Inselteil Lewis stehen die interessantesten Zeugen der Frühgeschichte auf den Hebriden.

Auf den Britischen Inseln hat nur noch Stonehenge in Südengland größere Bedeutung als die **Calanais Standing Stones** Die herrliche Lage des 4000 Jahre alten Steinkreises direkt am Meer und die Tatsache, dass sich hier keine Urlauberströme drängen, machen die Anlage besonders attraktiv.

MERIAN-Tipp 9

STRÄNDE AUF LEWIS UND HARRIS ▶ S. 108, C 2/B 4

Badewetter hat man auf den Hebriden in der Tat nicht immer. Das sollte man nicht bedauern, denn das eher raue Klima und die Abgelegenheit der Inseln sorgen dafür, dass hinreißend schöne Strände leer bleiben. Besonders schön: Traigh Losgaintir und Sgarasta an der Westseite der Südspitze von Harris. Wer sich doch ein wenig Betrieb wünscht, sollte zur Insel Barra fliegen: Der Flugplatz ist ein Strand, der Flugplan richtet sich nach den Gezeiten.

Von Ullapool fährt täglich außer sonntags ein Schiff nach **Stornoway** (8000 Einwohner), der Hauptstadt von Lewis (2 3/4 Std. Überfahrt). Stornoway ist das Zentrum der Harris-Tweed-Industrie und Fischereihafen. Der Ort besitzt keine nennenswerten Sehenswürdigkeiten. Es ist diese besondere Atmosphäre, die Urlauber immer wieder hierher lockt. Man sollte nicht mit den Wolkenbildern hadern; die Schattenstreifen auf den weiten Torf- und Steinflächen machen ebenfalls den Reiz dieser Inselwelt aus.

ÜBERNACHTEN
Scarista House Hotel

Idyllisch • Komfortable Zimmer und gute Küche am Rande der Welt. Sgarasta Beig im Süden von Harris • Tel. 0 18 59/55 02 38 • www.scarista house.co.uk • 5 Zimmer • €€€€, auch Ferienwohnung ab 300 £ pro Woche

Baile-na-Cille

In Traumlage • Die Zimmer bieten schönen Strandblick, die Küche ein gutes Abendessen. Timsgarry, Uig, Lewis • Tel. 0 18 51/ 67 22 42 • www.bailenacille.com • 7 Zimmer €€

ESSEN UND TRINKEN
Bonaventure

Auld Alliance • Französische Küche mit schottischen Zutaten in spektakulärer Lage mit Atlantikblick an der Westküste von Lewis. Aird Uig, Lewis • Tel. 0 18 51/ 67 24 74 • www.bonaventurelewis. co.uk • €€

SERVICE
AUSKUNFT
Western Isles Tourist Board

Stornoway, 26 Cromwell Street • Tel. 0 18 51/70 30 88 • www.visit hebrides.com

Berühmte Kultstätte: Der in Form eines keltischen Kreuzes gelegte Steinkreis Calanais Standing Stones (▸ S. 77) wurde vor knapp 4000 Jahren errichtet.

Tarbert Tourist Information

Tarbert, Pier Road • Tel. 0 18 59/
50 20 11 • www.visithebrides.com •
April–Okt. Mo–Sa 9–13 und 14–
17 Uhr

ANREISE

Zwei Linien fliegen nach Stornoway
auf die Insel Lewis: British Airways
(www.ba.com) ab Glasgow, Inverness und Edinburgh; Highland
Airways (www.highlandairways.co.
uk) ab Inverness.

FÄHREN

Die Reederei Caledonian McBrayne
(Tel. 0 80 00/65 50 00, www.calmac.
co.uk) betreibt Fähren zu und
zwischen den Äußeren Hebriden
und bietet auch Inselhüpfen an: z. B.
die Strecke Ullapool – Stornoway,
Fahrzeit 2 3/4 Std., Uig auf Skye –
Tarbert (1 Std. 40 Min.).

Ziele in der Umgebung

◎ **Calanais Standing
Stones** ✖️ ▶ S. 108, C 3

Die zwischen 3000 und 1500 v. Chr.
errichtete Kultstätte westlich von
Stornoway besteht aus 50 Steinen
aus Lewis-Gneis, die in Form eines
keltischen Kreuzes gelegt sind. Im
Zentrum brannte vermutlich während der rituellen Handlungen, bei
denen auch Menschenopfer gebracht wurden, ein Feuer. 19 Monolithen bilden einen Gang zu einem
Kreis aus 13 Steinen.

In den Sommermonaten stehen täglich Busausflüge in Verbindung mit
dem Besuch von Dun Carloway
Broch auf dem Programm.

The Story of the Stones, Visitor
Centre • April–Sept. Mo–Sa 10–18,
Okt.–März Mo–Sa 10–16 Uhr •
Eintritt frei

◎ **Dun Carloway Broch**

▶ S. 108, C 2

Der piktische Rundturm der Hebriden stammt aus der Zeit zwischen
dem 1. und 4. Jh. Das bis zu einer
Höhe von 9 m fast unbeschädigte
Mauerwerk ist solide 3 m dick.

Doune Broch Visitor Centre • April–
Sept. Mo–Sa 10–17 Uhr • Eintritt frei

MUSEUM

Black House Museum

Das kleine Haus mit Strohdach und
Feuerstelle, das bis 1964 bewohnt
war, zeigt die primitiven Lebensver-
hältnisse der Hebriden-Bauern.
Man erreicht es über die Küstenstraße nördlich von Carloway.

Arnol, Isle of Lewis • April–Sept.
Mo–Sa 9.30–17.30, Okt.–März
9.30–16.30 Uhr • Eintritt 2,50 £

ÜBERNACHTEN

Doune Braes Hotel

Gälische Gastfreundschaft • Wunderschön gelegen nahe dem Steinkreis Calanais und dem »Broch«. Im
Restaurant werden gute Fischgerichte aufgetischt.

Carloway • Tel. 0 18 51/64 32 52 •
www.doune-braes.co.uk •
15 Zimmer • €€

Orkney-Inseln

▶ S. 114/115, C/D 5

Die Orkney-Inseln sind im Wesent-
lichen flach, außer Hoy, wovon der
»Old Man of Hoy«, ein steil aufra-
gender Felsen im Meer, zeugt. Die
Bewohner leben hauptsächlich von
der Rinderzucht und Milchwirt-
schaft. Hinzu kommen Fischerei
und Fischzucht, Tourismus und Öl.
Das skandinavische Erbe der Ork-
ney- und Shetland-Inseln, die vom
9. Jh. bis 1472 zu Norwegen gehör-

MAES HOWE ▶ S. 111, D 5

In Begleitung der Kuratorin geht es in das bedeutendste Steinzeitgrab Westeuropas: eine Gruft mit vier Seitenkammern. Bereits zur Wikingerzeit wurden die Kammern besucht, davon zeugen in Stein geritzte Runen. Am 21. Dez. gegen 15 Uhr strahlt die Sonne etwa 20 Min. lang direkt in die Gruft, die man durch einen engen, niedrigen Gang erreicht.

Mainland • Ticket Office an der Hauptstraße • April–Sept. tgl. 9.30–17, Okt.–März 9.30–16.30 Uhr • Eintrittskarten in Tormiston Mill 5,20 £

ten, ist noch spürbar. Die Menschen haben in der Mehrheit helle Haare, die Nachfahren der Kelten im schottischen Westen und auf den Hebriden sind eher rötliche oder dunkle Typen. Geologen kommen wegen der bereits Millionen Jahre alten Granit- und Gneisformen hierher, Süßwasser- und Hochseeangler wegen der Forellen bzw. Heilbutt- und Schellfischschwärme – und Ornithologen wegen der 300 Vogelarten.

Mainland ▶ S. 111, F 6

Auf der Insel Mainland befinden sich die sehenswerte Hauptstadt **Kirkwall** (7000 Einwohner) und der Fährhafen Stromness (2160 Einwohner). Auf Mainland besteht die Möglichkeit, per Bus die wichtigsten archäologischen Fundstellen zu besuchen und abends wieder auf dem schottischen Festland zu sein. In der südlich von Mainland gelegenen Bucht von **Scapa Flow** versenkte sich 1918 die deutsche Flotte selbst. Noch heute sieht man Schiffswracks gespenstisch aus den Fluten ragen.

SEHENSWERTES
Earl Patrick's Palace and Bishop's Palace

Der Grafenpalast (1607) ist ein schönes Renaissancegebäude. Der Bischofspalast (Turm mit schöner Aussicht) stammt aus dem 13. Jh.
Palace Street • April–Sept. Mo–So 9.30–17.30 Uhr • Eintritt 3,70 £

St. Magnus Cathedral

Vom 12. bis 15. Jh. wurde der Dom aus rotem Sandstein errichtet. Hier kann man alle Stilepochen von der normannischen Architektur bis zur Gotik entdecken.

ÜBERNACHTEN
Ayre Hotel

Hafenblick • Familiengeführtes Hotel. Buchen Sie ein Zimmer mit Blick auf den Hafen.
Kirkwall, Ayre Road • Tel. 0 18 56/ 87 30 01 • www.ayrehotel.co.uk • 33 Zimmer • €€

Merkister Hotel

Fischers Wahl • Beliebtes Anglerhotel, das ausgezeichnetes »Brown Trout Fishing« anbietet.
Loch of Harray • Tel. 0 18 56/77 13 66 • www.merkister.com • 16 Zimmer • €

ESSEN UND TRINKEN
The Creel

Inselspezialitäten • Schottisches »Restaurant of the Year 2004«, das auch Zimmer vermietet.
St. Margaret's Hope, South Ronaldsay • Tel. 0 18 56/83 13 11 • www. thecreel.co.uk • €€€

SERVICE
AUSKUNFT
Visit Orkney

West Castle Street, Kirkwall, Orkney •
Tel. 0 18 56/87 28 56 • www.visit
orkney.com

ANREISE

British Airways Express fliegt nach
Kirkwall auf der Insel Mainland ab
Aberdeen, Glasgow, Edinburgh und
Inverness.

FÄHREN
John O' Groats Ferries Ltd

John O' Groats, Caithness • Tel.
0 19 55/61 13 53 • www.jogferry.
co.uk • 1. Mai–30. Sept. tgl.

**NorthLink Orkney & Shetland
Ferries Ltd**

Ayre Road, Kirkwall • Tel. 08 45/
6 00 04 49 • www.northlinkferries.
co.uk

Orkney Ferries

Shore Street, Kirkwall, Orkney •
Tel. 0 18 56/87 20 44 • www.orkney
ferries.co.uk

Ziele in der Umgebung
◎ Hoy   ▸ S. 110, C 6

Die im Südwesten von Mainland
gelegene Insel lohnt einen Tagesaus-
flug. Ihre höchste Spitze, der Ward
Hill, misst 481 m. Wahrzeichen der
Insel ist der 137 m aus dem Meer
ragende Felsen, »The Old Man of
Hoy«, in der Nähe des Ufers.

◎ Ring of Brodgar   ▸ S. 110, C 5

27 von ehemals 60 Menhiren stehen
noch im Kreis, umgeben von einem
jungsteinzeitlichen Ringgraben.

◎ Skara Brae 🔟   ▸ S. 110, C 5

Die Bewohner scheinen das Stein-
zeitdorf fluchtartig verlassen zu haben, bevor es von einem Sandsturm

Skara Brae (▸ S. 79) an der Westküste der Insel Mainland wird von Archäologen als
die am besten erhaltene Siedlung der Jungsteinzeit in Europa bezeichnet.

verschüttet wurde. Wiederum ein Sturm legte 1850 die Anlage teilweise frei: Zum Vorschein kamen zehn rechteckige Hütten, die mit überdachten Gängen verbunden sind. Anhand der Ausgrabungen ließen sich die Lebensumstände der Steinzeitmenschen rekonstruieren.

Tgl. 9.30–17.30, Okt.–März bis 16.30 Uhr • Eintritt 6,70 £
11 km nördl. von Stromness, vom Parkplatz etwa 1 km Fußweg

◎ Standing Stones of Stenness
▶ S. 110, C 5

Der Ort selbst lohnt keinen Stopp, die prähistorischen Sehenswürdigkeiten dafür umso mehr: Von ehemals zwölf stehen immerhin noch vier der bis zu 5 m hohen Monolithen aus dem 3. Jahrtausend v. Chr.

0,5 km südöstl. von Brodgar

◎ Stromness
▶ S. 110, C 5

1600 Einwohner

Das Ortsbild wird beherrscht von Treppengiebelhäusern und zahlreichen Gässchen, die zum Hafen führen. Einen Besuch lohnt das Stromness Museum mit Erinnerungsstücken an die deutsche Flotte.

Mo–Sa 10–17 Uhr • Eintritt 2,50 £

ÜBERNACHTEN

Ferry Inn

Urige Unterkunft • Rustikales Inn mit Bar und Restaurant.

John Street • Tel. 0 18 56/85 02 80 • www.ferryinn.com • 12 Zimmer • €

Shetland-Inseln
▶ S. 110/111, E 7/F 5

Auf der größten Insel – Mainland – leben 13 000 Menschen, fast die Hälfte davon in der Hauptstadt Lerwick, 1000 weitere an der Westküste in **Scalloway**, dem zweitgrößten Ort auf Shetland. Auf Shetland gibt es weite Moorgebiete, Torf, Heide, eine wunderschöne felsige Küste, 200 Seen, die Shetland-Ponys, eine Viertelmillion Schafe und Millionen von Vögeln. Die Naturschutzgebiete der Shetlands, vor allem Sumburgh Head, Hermaness auf Unst und die Insel Noss, sind von Bedeutung. Zu einer Population von 350 000 Papageitauchern kommen Hunderte von weiteren Vogelarten hinzu: Eissturmvögel, Krähenscharben, Kormorane, Lummen, Dreizehenmöwen, Tordalke, Seeschwalben … Nur mit Glück oder Geduld kann man einen der zahlreichen Seeotter beobachten, die Tausenden von Robben dagegen lassen sich gerne blicken. Von den Klippen und bei Bootstouren sind oft **Wale** und **Delfine** zu sehen, denn 22 verschiedene Arten von Meeressäugern wurden um die Shetland-Inseln gesichtet. Die Fischerei war die Haupteinnahmequelle, bis in den Siebzigerjahren des 20. Jh. die Nordseeöl-Industrie in diese Welt einbrach. Europas größtes Ölterminal in **Sullom Voe** liegt versteckt an der Nordküste von Mainland.

Noch mehr als auf Orkney wird auf Shetland die Wikingertradition hochgehalten. Auch die Sprache enthält noch mehr Norwegisches als der Dialekt der Orkney-Inseln. Bis ins späte 17. Jh. wurde auf den Shetlands und den Orkneys »Norn« gesprochen, das mit dem Altnordischen verwandt ist. Zahlreiche Ortsnamen erinnern an das skandinavische Erbe. Die Geschichte Shetlands ist eng mit jener der Orkney-Inseln verbunden: Die Jarls von Orkney regierten im 12. Jh. gleichzeitig Shetland.

Mainland   ▸ S. 81, b 1/3

Mainland mit der Hauptstadt **Lerwick** (ca. 5600 Einwohner) ist die größte der Shetland-Inseln und auch die am dichtesten besiedelte. Wie Stromness auf Orkney wird die Hauptstadt der Shetlands von einem Naturhafen begünstigt. Hier legen neben Handelsschiffen und Fisch-trawlern, meistens aus skandinavischen Ländern, einige Versorgungsschiffe für Ölbohrplattformen an. Auch hier spaziert man durch pittoreske, enge Straßen. Das älteste Gebäude in Lerwick ist ein 1665 errichtetes Fort, das eigentlich das Hafengebiet schützen sollte. Einige Jahre später jedoch brannten die Hollän-

Die Shetland-Inseln

© MERIAN-Kartographie

der den Flecken und die Festung nieder. Erst 100 Jahre später wurde es wieder aufgebaut und bekam den Namen **Fort Charlotte**. Von oben hat man einen schönen Blick auf den Hafen und die gegenüberliegende Insel Bressay.

Das größte und wichtigste Fest wird im Januar gefeiert: »Up-Helly-Aa« ist ein nordisches Sonnwendfest. Dabei wird die Nachbildung eines Wikinger-Langschiffes verbrannt.

SEHENSWERTES

Clickhimin Broch

Am Stadtrand von Lerwick steht der 5 m hohe piktische Rundturm, umgeben von Überresten weiterer prähistorischer Bauten. Den Schlüssel zur eisenzeitlichen Siedlung erhält man an der Tankstelle gegenüber.

Esha Ness

Eine herrliche Strecke führt auf Mainland auf der A 970 nach Nordwesten. An der Gabelung nicht nach Isbister, sondern in Richtung Hillswick fahren. Vom Leuchtturm blickt man auf die von Seevögeln bevölkerten Klippen.

Jarlshof

In der Anlage sind Überreste aus drei Jahrtausenden zu sehen: neben steinzeitlichem Mauerwerk eine Werkstatt aus der Bronzezeit, Reste eines piktischen Turms, Erd- und Rundhäuser der Eisenzeit und einige Langhäuser der Wikinger.
April–Sept. tgl. 9.30–17.30 Uhr • Eintritt 4,70 £

Scalloway Castle

Bis vor 200 Jahren war das Fischerdorf Scalloway die Hauptstadt Shetlands. Das Stadtbild wird von der Schlossruine beherrscht, einstmals eine mächtige Festung, die unter Earl Patrick Stewart in der Zeit um 1600 erbaut wurde.
Öffnungszeiten bei Tourist Information erfragen • Eintritt frei

MUSEEN

Shetland Croft House Museum

Restauriertes Bauernhaus im Süden Mainlands, dessen Mobiliar aus Treibholz angefertigt wurde.
Dunrossness, South Voe • Mai–Sept. tgl. 10–13 und 14–17 Uhr • Eintritt frei

Shetland Museum

Von der Vorgeschichte bis zur Neuzeit reichen die Exponate des Heimatmuseums: Textilien, Volkskunst, Schiffsbau. Besonders interessant ist der »Monks Stone« aus der keltischen Kirche des 9. Jh.
Hay's Dock, Lerwick • Tel. 0 15 95/69 50 57 • Mo–Sa 10–17, So 12–17 Uhr

ÜBERNACHTEN

Busta House Hotel

Gespenst inklusive • 40 km nordwestlich des Ölterminals Sullom Voe liegt dieses gemütliche Landhaus aus dem 16. Jh. Jedes Zimmer ist nach einer der Shetland-Inseln benannt.
Brae • Tel. 0 18 06/52 25 06 • www.bustahouse.com • 22 Zimmer • €€

Queens Hotel

Hafenhotel • Modern eingerichtete Zimmer und Hafenblick in einem schönen Haus aus dem 19. Jh.
24 Commercial Street, Lerwick • Tel. 0 15 95/69 28 26 • www.kgq hotels.co.uk • 27 Zimmer • €€

SERVICE

AUSKUNFT

Visit Shetland

Market Cross, Lerwick, Shetland •
Tel. 0 87 01/99 94 40 • www.visit
shetland.com

ANREISE

British Airways fliegt zu den Shetland-Inseln von Glasgow, Edinburgh und Aberdeen.

FÄHREN

Sie verkehren täglich auf der Route
Aberdeen/Lerwick/Aberdeen und
dreimal wöchentlich zwischen Shetland und Orkney. Autofähren verbinden Shetland Mainland mit den
Inseln Bressay, Whalsay, Yell, Unst,
Fetlar und Skerries. Papa Stour, Foula und Fair Isle sind mit Passagierfähren erreichbar.
Shetland Islands Tourism •
www.shetland.gov.uk/ferries

**NorthLink Orkney and Shetland
Ferries Ltd**

Tel. 08 45/6 00 04 49 • www.north
linkferries.co.uk

Ziele in der Umgebung

◎ Fair Isle und Foula

▶ S. 81, b 4/a 3

Nur wer viel Zeit hat, sollte sich auf
die abgelegenen Eilande zwischen
Shetland und Orkney wagen. Die
Fair Isle mit ihren 70 Einwohnern ist
per Schiff in 2–3 Std. zu erreichen.
Sie ist berühmt für ihre fein gestrickten Wollsachen und seit 1954 Eigentum des National Trust for Scotland.

◎ Mousa Broch

▶ S. 81, b 3

Ein Besuch auf der nicht mehr bewohnten Insel Mousa ist ein Muss.
Ein sehr gut erhaltener, 12 m hoher

»Broch« ist hier zu sehen. So heißen
die etwa 500 überall im Lande stehenden Rundtürme der Pikten, die
es in dieser Art nur in Schottland gegeben hat.
Die bezaubernde Insel, die schon im
19. Jh. von den Einheimischen verlassen wurde, lädt zum Wandern
ein. Hier und da liegen verlassene
Gehöfte, in der Bucht im Südosten
der Insel spielen Robben.
20 Min. Überfahrt mit dem Boot (8 £)
von Sandwick. Mousa liegt auf halbem Weg zwischen Sumburgh Head
(Flughafen) und Lerwick. Unbedingt
reservieren (Fähre: Tel. 0 19 50/
43 13 67).

◎ Noss

▶ S. 81, c 3

Östlich der Insel Bressay liegt die
Vogelinsel Noss, ein Naturschutzgebiet, an dessen Steilklippen verschiedene Möwenarten, Lummen, Papageitaucher und Tölpel nisten.

◎ Yell/Unst

▶ S. 81, b 2/c 1

Die beiden nördlichen Inseln, die
nur mit der Fähre erreichbar sind,
locken manchen Entdecker. Auf Yell
lassen sich im Mai die Torfstecher
beobachten, auf Unst streifen in den
weiten Tälern die weltbekannten
Shetland-Ponys umher.

SEHENSWERTES

Sehenswert sind vor allem das **Old
Haa Museum** (April–Sept. Di–Do
und Sa–So 14–17 Uhr, Spenden erbeten) im ältesten Haus von Yell,
das voll von lokalen Erinnerungsstücken steckt, und auf der Insel Unst
die Ruine des **Muness Castle**. Auf
Unst bietet sich ein Besuch des nationalen Naturschutzgebietes **Hermaness** an (Basstölpel, Papageitaucher und andere Seevögel).

Das am River Ness gelegene Städtchen Inverness (▶ S. 68) bildet das Tor zu den Highlands mit einer Reihe von reizvollen Touren und Ausflügen.

Touren und Ausflüge

Wer die Einsamkeit sucht, macht sich am besten zu Fuß oder mit dem Fahrrad auf den Weg oder schippert mit dem Boot den Caledonian Canal entlang.

Von Inverness an die Atlantikküste – Eine Reise durch das weite, wilde Schottland

CHARAKTERISTIK: Die 420 km lange Rundreise führt auf zum Teil einspurigen Straßen durch menschenleere Bergregionen und grandiose Küstenlandschaften zum stürmischen Cape Wrath **DAUER:** 3–7 Tage, je nach Aufenthalt **EINKEHR-TIPPS:** Summer Isles Hotel (▸ S. 73), Achiltibuie, Tel. 0 18 54/62 22 82 €€€ • The Ceilidh Place (▸ S. 72), West Argyle Street, Ullapool, Tel. 0 18 54/61 21 03 €€
AUSKUNFT: Tourist Information, Argyle Street, Ullapool, Tel. 0 18 54/61 21 35, www.visithighlands.com
KARTE ▸ S. 109/110, 114

Die ausgesprochen schöne Route führt von **Inverness** quer durchs Land nach Nordwesten an die Atlantikküste und zurück durch einen abgelegenen Landstrich, in dem man eher Tiere als Menschen antrifft. Die einspurigen Straßen im Norden sind weniger gefährlich, als man annehmen könnte. Aufpassen muss man allerdings, denn Schafe springen manchmal im letzten Moment auf die Straße oder folgen ihren Lämmchen. Schafe haben in Schottland mit seinem geringen Verkehrsaufkommen absolutes Vorrecht auf der Straße.

Ausgangspunkt ist Inverness. Nach dem Überqueren der Kessock-Brücke über den **Moray Firth** biegt man schon bald von der A 9 ab auf die A 835 nach **Ullapool**. Es lohnt sich, hier zu übernachten, z. B. im Ceilidh Place. Man kann am geschäftigen Hafen verweilen oder einen Bootsausflug zu den **Summer Isles** unternehmen, bei dem viele Seevogelarten und sogar Delfine und Tümmler zu sehen sind.

Ullapool ▸ Lochinver

Von Ullapool geht es weiter in Richtung Norden über die A 835. Nach ca. 15 km zweigt die Straße zur dünn besiedelten Halbinsel **Coigach** ab.

Im Ort **Achiltibuie** gibt es das in dieser Gegend überraschend gute Summer Isles Hotel mit einem Restaurant, für das man den langen Umweg gerne in Kauf nimmt. Zurück auf der A 835 gelangt man nach **Inchnadamph**, Ausgangspunkt für eine Wanderung zum höchsten Gipfel der Region, Ben More Assynt. Lohnend ist ein Abstecher an die Westküste zum bei Anglern beliebten Ort Lochinver oder zum schönen Strand von Achmelvich. Die Straße nach Lochinver führt an der Burgruine Ardvreck am Loch Assynt vorbei.

Scourie ▸ Handa

Ein ganz besonderer Abstecher lohnt sich von **Scourie** aus auf die von Menschen verlassene Vogelinsel **Handa**. Man lässt sich morgens übersetzen, wandert quer über die Insel und sieht an der Westseite die Felsen übersät von Tordalken, Eissturmvögeln und Lummen. Von April bis Anfang September verkehrt eine Fähre vom Strand in Tarbet (wetterabhängiger Fährdienst Mo–Sa ab 9.30, letzte Überfahrt 14, letzte Rückfahrt 16.30 Uhr, Fahrpreis 10 £, Kinder 5 £). Für einen Aufenthalt auf der Insel, wo man mit der Natur allein ist, sollten 4–5 Std. eingeplant werden.

Nach weiteren 42 km auf der A 838 gelangt man nach **Durness** mit seinem wunderschönen Strand, der Kapellenruine von **Balnakiel** und der aus der Kalksteinklippe ausgehöhlten »Smoo Cave«. Durness ist Ausgangspunkt für einen Abstecher zum **Cape Wrath**, dem »Kap des Zorns«. An diesem winddurchfegten nordwestlichsten Punkt des britischen Festlands hat man das Gefühl, am Ende der Welt angelangt zu sein.

Durness ▶ Tongue

Weiter geht es von Durness auf der A 838 entlang dem **Loch Eriboll**, einem der reizvollsten »Sea Lochs«. Wer Glück hat, wird im »Loch« Seeotter, Tümmler oder gar einen Minkewal sehen. Nun fährt man entweder die einsame Straße am Loch Hope entlang, an verlassenen Ortschaften, Hochlandkühen und am Dun Dornaigil Broch vorbei, oder bis zur Ortschaft **Tongue**, die sich zum Übernachten anbietet. Oberhalb des hübschen Orts erhebt sich die Ruine von **Varick Castle**, einer Wikingerburg aus dem 11. Jh. Wer aus dem Westen kommt, überquert auf einem Damm zuerst den **Kyle of Tongue**, einen tiefen Küsteneinschnitt. Von dort aus bietet sich ein schöner Blick auf den **Ben Loyal** (765 m) und den **Ben Hope** (927 m). In der Nähe befindet sich eine Burgruine, das Castle Bharraich des McKay-Clans. Weiter geht die Fahrt auf der A 836 in Richtung Süden. Diese Straße trifft sich mit der kleinen Straße von Loch Hope bei **Altnaharra**. Das Altnaharra Hotel (Tel. 0 15 49/41 12 22, www.altnaharra.com, 15 Zimmer €€€) ist ein Ziel für Angler und lädt zum Übernachten ein. Dann folgt man der A 836 bis Lairg. Nach wildwüchsiger Urlandschaft hat die Welt Sie wieder.

Autofahrer sollten bei der Fahrt übers Land ihre Geschwindigkeit drosseln. In einem Land, in dem es mehr Schafe als Menschen gibt, haben Schafe absolutes Vorrecht.

Von Aberdeen durchs Tal des River Dee – Wälder, Berge und Königsschlösser

CHARAKTERISTIK: Die 200 km lange Tour führt von der Küste in das Grampian-Gebirge. Unterwegs gibt es Gelegenheit für Wanderungen, Outdoor-Aktivitäten sowie Besichtigungen von Burgen und des königlichen Schlosses Balmoral **DAUER:** 2 Tage mit dem Auto, 4–5 Tage mit dem Fahrrad **EINKEHRTIPPS:** The Station Restaurant, Bahnhof von Ballater, Tel. 01 33 97/5 50 50 €€ • Inver Hotel, 2 km westl.

von Balmoral, Tel. 01 33 97/4 23 45 €€ **AUSKUNFT:** Tourist Information, Mar Road, Braemar, Tel. 01 33 97/4 16 00, www.agtb.org
KARTE ▶ S. 115/114

Von Aberdeen erreicht man in einer guten Stunde die Ausläufer des westlichen Hochlands. Weniger sportliche Urlauber können die Tour auch mit dem Auto unternehmen. Begibt man sich auf der wenig befahrenen A 93 ins **Tal des Dee,** erinnert die Landschaft zunächst an liebliche deutsche Hügellandschaften. Die Straße führt nach etwa 15 km an **Crathes Castle and Gardens** vorbei, einer der reizvollsten Schlossanlagen Schottlands. Weiter geht es durch die schönen Ferienorte **Banchory** und Ballater, wo die ersten Ausläufer der Highlands die Radler erwarten. Wer in **Ballater** am Nachmittag eine Stärkung braucht, sollte im malerischen viktorianischen »Tearoom« des Bahnhofs einkehren. Südlich der Straße liegt der **Glen Muick**, der zu einem Abstecher an den 13 km entfernten Bergsee Loch Muick einlädt. Weiter geht es, vorbei an **Crathie Church**. Diese Gegend nennt sich stolz **Royal Deeside**, denn seit Queen Victoria sich 1852 in die Landschaft verliebte und ihren Gatten, Albert von Sachsen-Coburg, zum Kauf des Guts **Balmoral** veranlasste, verbringt die königliche Familie fast jeden Sommer einige Wochen hier.

Nördlich des Dee-Tals erheben sich die Gipfel des **Cairngorms Nationalparks**, südlich der Berg Lochnagar und viele »Glens«, die zu Wanderungen einladen. Weiter talaufwärts erreicht man **Braemar**. Wer diese Tour am ersten Sonnabend im September macht, kann Zeuge der berühmtesten **Highland Games** 🔴**1** werden. 7 km westlich von Braemar befindet sich die **Mar Lodge Estate**, auf dessen Gelände man freien Zugang zu einer ausgedehnten Berg- und Moorlandschaft hat.

Banchory ▶ Aberdeen

Wer wissen möchte, wo die Straße endet, fährt weiter bis zum Linn O'Dee, wo sich der Fluss durch einen Felsen zwängt. Zurück geht es bis Balmoral wieder auf der A 93. Auf dieser Strecke liegt das Dorf **Aboyne** am Eingang zum Tal Glen Tanar, das für ausgedehnte Wanderungen, aber auch für Mountainbiker und Reiter geeignet ist. Dann führt der Weg auf die B 976, die sich südlich des Dee bis nach Banchory schlängelt. **Knock Castle**, die Lochnagar Whiskybrennerei und das Braeloine Visitor Centre liegen auf der Strecke. Von Banchory gelangt man über die B 9077 über Kirkton of Durris wieder zurück nach Aberdeen.

Caledonian Canal und Loch Ness – Mit dem Kabinenkreuzer zum Ungeheuer

CHARAKTERISTIK: Im gemütlichen Tempo schippert man von der Ost- zur Westküste auf künstlichen Wasserwegen und natürlichen Seen, darunter auch der geheimnisvolle Loch Ness **DAUER:** 1 Woche **EINKEHRTIPPS:** Benleva Hotel bei Drumnadrochit (Nordufer des Loch Ness), Tel. 0 14 56/45 00 80 €€ • Old Pines Hotel mit Restaurant (▶ S. 62), Spean Bridge, Tel. 0 13 97/71 23 24, www.oldpines. co.uk €€ **AUSKUNFT:** Tourist Information, Castle Wynd, Inverness, Tel. 0 18 45/ 2 25 51 21, www.visithighlands.com • Jacobite Cruises, Tomnahurich Bridge, Glenurquhart Road, Inverness, Tel. 0 14 63/23 39 99, www.jacobitecruises.co.uk • Fingal of Caledonia, The Shipway, Corpach, Fort William, Tel. 0 13 97/ 77 21 67, www.fingal-cruising.co.uk
KARTE ▶ S. 89, S. 113

Der 100 km lange Kanal, der **Inverness** an der Nordsee mit **Fort William** an der Atlantikküste über die drei Seen Loch Ness, Loch Oich und Loch Lochy verbindet, ist einer der bemerkenswertesten Wasserwege Großbritanniens. Er wurde im Jahr 1822 fertiggestellt und damals als

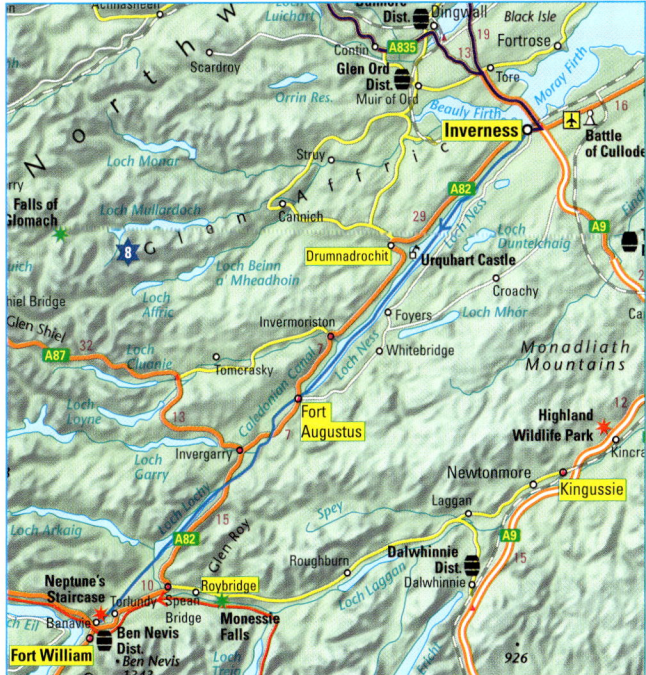

großartige technische Leistung des Ingenieurs Thomas Telford bewundert. Nur ein Drittel der Strecke ist künstlich angelegt, denn zwischen den lang gezogenen natürlichen

Ungeheuer »Nessie« im Monster Exhibition Centre (▶ S. 72) in Drumnadrochit.

Seen mussten nur kurze Verbindungskanäle geschaffen werden. Der **Caledonian Canal** zieht sich entlang des **Great Glen**, des großen Grabens, der die nördlichen von den südlichen Highlands diagonal teilt. Ursprünglich sollte der 1803 begonnene Kanal während der Kriege gegen Napoleon den Fregatten die Passage der stürmischen Gewässer um die Nordküste ersparen. Heute wird er hauptsächlich für Freizeitfahrten in Kabinenkreuzern benutzt.

Inverness ▶ Fort Augustus

Der erste Teil der Strecke verläuft parallel zum **River Ness** und weiter in den berüchtigten **Loch Ness**, des-sen Schönheit alles andere als lieblich ist. Beim Anblick des oft grauen Wassers und der steilen Berge versteht man leicht, warum sich Legenden um diesen kalten, dunklen See ranken. Eindrucksvoll sind auch die benachbarten Ruinen von **Urquhart Castle**, von wo aus viele das Ungeheuer gesichtet haben wollen.

Nach der Fahrt durch die südliche Hälfte des Loch Ness gelangt man zu den Schleusen bei **Fort Augustus** und den River Oich. In Fort Augustus kann man die ehemalige Benediktinerabtei aus dem 19. Jh. und das Clansman Centre, eine Ausstellung über die Kultur der Highlands, besichtigen. Am Nordufer im Caledonian Canal Heritage Centre wird die Geschichte des Wasserwegs ausführlich dokumentiert.

Fort Augustus ▶ Fort William

Am kleinen **Loch Oich** hat man die mit 32 m über dem Meeresspiegel höchste Stelle des Kanals erreicht. Ab hier geht es neben nach Westen fließenden Flüssen talabwärts: zuerst in den langen **Loch Lochy** und dann neben dem River Lochy zum westlichen Ausgang des Kanals in Banavie bei Fort William. Das letzte Erlebnis ist der Abstieg über eine Schleusentreppe, genannt »Neptune's Staircase«.

Bei der Höchstgeschwindigkeit von 10 km/h sollte man einige Tage für die Reise einplanen, denn die Wartezeiten an den 29 Schleusen können Boote im Sommer längere Zeit aufhalten. Außerdem lohnt es sich an einigen Stellen, für eine Besichtigung an Land zu gehen.

Zum Steuern eines Kabinenkreuzers, der zwei bis acht Personen Platz bietet, ist weder ein Kapitänspatent noch ein Segelschein erforderlich.

Die »West Highland Line« – Schottlands schönste Eisenbahnroute ⑥

CHARAKTERISTIK: Die wildromantische Eisenbahnstrecke führt zwischen hohen Bergen und entlang einer zerklüfteten Küste zum Fischerhafen Mallaig **DAUER:** 5–5 1/2 Std. von Glasgow nach Mallaig, Tagesrundfahrt ab Fort William **EINKEHR-TIPPS:** Crannog Seafood Restaurant (▶ S. 62), Town Pier, Fort William, Tel. 0 13 97/ 70 55 89 €€ • Marine Hotel, Mallaig, Tel. 0 16 87/46 22 17 €€ **AUSKUNFT:** Tourist Information, Cameron Square, Fort William, Tel. 0 13 97/ 70 37 81, www.visithighlands.com

KARTE ▶ S. 117/113

Noch besser als von der Autostraße erschließt sich die Schönheit Westschottlands durch die Fenster eines Eisenbahnwaggons. Auf dieser berühmten Strecke erlebt man während der Fahrt an Binnenseen und schroffen Bergen vorbei, über einsame Hochmoore und entlang der Küste die ganze Vielfalt dieser Landschaft.

Loch Long ▶ Loch Lomond

Nach einer Strecke parallel zur Küste an der Clyde-Mündung wechselt die Linie von der Meeresbucht **Loch Long** auf den wunderschönen Binnensee **Loch Lomond**. Die Täler Glen Falloch und Strath Finnan führen zwischen hohen Bergen mit langsamem Aufstieg zum kargen und düsteren **Rannoch Moor**, an dessen östlichen Rand sich die Strecke hält. Nach der kleinen Rannoch Station überquert der Zug ein fast menschenleeres Gebiet, bis im Glen Spean der Abstieg zur Küste bei Fort William beginnt.

Fort William ▶ Mallaig

Ab Fort William geht es an der Burgruine Inverlochy und den Schleusen des Caledonian Canals vorbei, dann entlang dem wunderschönen Ufer von Loch Eil zum **Glenfinnan-Viadukt**, von dem man einen atemberaubenden Blick auf **Loch Shiel** (▶ MERIAN-Tipp, S. 65) hat. Die 21 hohen Bögen des 400 m langen Viadukts werden allen Fans der »Harry-Potter«-Filme bekannt vorkommen. Das Glenfinnan Railway Station Museum erzählt die Geschichte dieser Eisenbahn. Kurze Zeit später ist der letzte Abschnitt an der Westküste erreicht, und nach dem Überqueren des River Morar an einem weißen Sandstrand rollt der Zug in **Mallaig** ein. Von hier starten Fähren zu den kleinen Inseln Eigg, Rum, Muck und Canna.

Im regulären Fahrplan verkehren die Scotrail-Züge viermal täglich (sonntags zweimal) auf der Strecke ab Glasgow Queen Street (Tel. 08 45/ 7 55 00 33, www.firstgroup.com).

Von Juni bis Oktober kann man hinter einer Dampflokomotive in den restaurierten alten Waggons, die für die »Harry-Potter«-Filme eingesetzt wurden, Tagesrundfahrten von Fort William nach Mallaig unternehmen (West Coast Railway Company, Tel. 0 15 24/73 77 51, www.steamtrain. info). Noch stilvoller, aber sehr teuer ist eine Fahrt mit der historischen Lokomotive »Royal Scotsman« (Tel. in Deutschland 02 21/3 38 03 00, www.royalscotsman.com).

In der Whiskydestillerie Bruichladdich
auf der Insel Islay (▶ S. 60) kann man
einen Blick auf die gewaltigen Brenn-
kessel werfen.

Wissenswertes
über Schottland

Nützliche Informationen für einen gelungenen
Aufenthalt: Fakten über Land, Leute und Geschichte
sowie Reisepraktisches von A bis Z.

Auf einen Blick

Mehr erfahren über Schottland – Informationen über Land und Leute, von Bevölkerung über Politik und Religion bis Wirtschaft.

AMTSSPRACHE: Englisch, Gälisch

EINWOHNER: 5,1 Mio.

FLÄCHE: 78 772 qkm mit über 3000 Seen (»Lochs«) und 790 Inseln, von denen nur 130 bevölkert sind.

HAUPTSTADT: Edinburgh, 465 000 Einwohner

INTERNET: www.visitscotland.com

RELIGION: ca. 85 % unterschiedliche protestantische Kirchen, 15 % römisch-katholisch

VERWALTUNG: Schottland gehört mit England, Wales und Nordirland zum Vereinigten Königreich. Die Londoner Regierung delegiert zahlreiche Befugnisse an das schottische Parlament in Edinburgh.

WÄHRUNG: Englisches Pfund

Bevölkerung

5,1 Mio. Einwohner bevölkern eine Fläche von 78 772 qkm, durchschnittlich 65 Menschen pro qkm, was Schottland zu einem der dünnst besiedelten Länder Europas macht. 80 % der Schotten leben in den südlichen Metropolen und den sogenannten Lowlands, 40 % der Einwohner verteilen sich auf nicht einmal 10 % der Fläche Schottlands.

Lage und Geografie

2 % der schottischen Landfläche entfallen auf ca. 3000 »Lochs« und 6600 Flüsse. Die Küstenlinie ist über 10 000 km lang, und kein Ort liegt mehr als 64 km vom Meer entfernt. Von den 800 zu Schottland gehören-

◄ Kein Exportschlager, kann aber mit Milchprodukten anderer Länder durchaus mithalten: schottischer Käse.

den Inseln sind 130 bewohnt. In einigen Regionen findet man die ältesten Steine Europas. Die Lewis Gneise stammen aus dem Präkambrium, der Epoche der Erdentstehung, und sind mehr als 4 Mrd. Jahre alt.

Politik und Verwaltung

Edinburgh ist seit 1633 die Hauptstadt Schottlands. Hier tagt auch seit dem 6. Mai 1999 wieder das schottische Parlament, dessen Befugnisse etwa denen eines deutschen Landesparlaments vergleichbar sind und sich auf die Bereiche Gesundheit und Umwelt, Wirtschaft und Finanzen, Justiz und kommunale Verwaltung, Bildung und Kultur erstrecken. Bereits in der ersten Regierungsperiode wurden 62 Gesetze, darunter so wichtige wie die Landreform und die Modernisierung des Bildungssystems, verabschiedet. In den Parlamentswahlen 2007 hat die Scottish National Party (Schottische Nationalpartei), die für die schottische Unabhängigkeit zu Felde zieht, die größte Anzahl an Sitzen gewonnen.

Religion

Der regelmäßige Kirchgang am Sonntag wird auch in ländlichen Gebieten immer seltener, in den Städten ist er schon seit Langem die Ausnahme. Seit John Knox im 16. Jh. die Kirche reformierte, kam es in den presbyterianisch organisierten Kirchen immer wieder zu Kirchenkämpfen und Abspaltungen. Die Church of Scotland ist die größte konfessionelle Gruppierung, ihr

fühlen sich 42 % der Schotten zugehörig. Die Gottesdienste der Free Church of Scotland, der Free Presbyterians und ihrer zahlreichen Abspaltungen, bestehen aus unbegleitetem Psalmsingen und einer manchmal sehr langen Predigt, auf den Hebriden meist auf Gälisch. Rund 15 % der Schotten sind römisch-katholischer Konfession, vor allem in Glasgow, wo irische Einwanderer den Katholizismus im 19. Jh. wiedereinführten, sowie auf den Hebrideninseln Barra und South Uist und in einigen Enklaven in den Highlands. Der Islam ist mit ca. 50 000 Anhängern die größte nichtchristliche Religion. Jüdische und hinduistische Gemeinden existieren vorwiegend in Glasgow und Edinburgh. 28 % der Schotten deklarieren sich als nichtgläubig.

Sprache

Schottland hat zwei offiziell anerkannte Sprachen, Englisch und Gälisch, die im Unterricht gelehrt werden. Die meisten Schotten sprechen einen Dialekt des Standardenglisch, etwa 30 % sprechen fließend »Scots«. Das Gälische war zwischen dem 3. und 11. Jh. weitgehend die Landessprache, wurde aber im 11. Jh. als Hofsprache abgeschafft, im 18. Jh. nach der Schlacht von Culloden kurzzeitig verboten und seitdem massiv unterdrückt. Erst seit den 1980er-Jahren gibt es von staatlicher Seite eifrige Versuche, die Sprache lebendig zu halten. Der BBC hat einen gälischsprachigen Fernseh- und Radiosender eingerichtet, auf der Insel Skye wurde ein gälisches College gegründet, und in einigen städtischen Schulen werden Erstklässler wieder in Gälisch unterrichtet.

Geschichte

8500 v. Chr.

Erste Siedlungen in Schottland.

1800 v. Chr.

Wegen der Keramikfunde werden Einwanderer aus dem Osten »Glockenbechermenschen« genannt.

55 v. Chr.

Die Römer fallen ein. Es gelingt ihnen nicht, Schottland zu unterwerfen, sodass Kaiser Hadrian Anfang des 2. Jh. das südliche Gebiet durch eine Mauer zwischen den Flüssen Solway und Tyne abtrennt.

500 n. Chr.

Kelten fallen von Irland her in Westschottland ein. Kämpfe der Bevölkerung mit den Eindringlingen erstrecken sich über Jahrhunderte. Vier Reiche entstehen, das der Skoten im Westen, der Pikten im Norden, der Angeln und der Briten im Süden.

563

Der hl. Columban beginnt von der Hebrideninsel Iona aus die Christianisierung des Landes.

Um 800

Die Wikinger fallen in Schottland ein. Sie werden erst im Jahr 1203 endgültig besiegt.

844

Kenneth MacAlpine einigt das schottische Königreich mit der Hauptstadt Scone.

1034–1040

Macbeth, der durch Shakespeare berühmt wurde, ermordet Duncan I. und wird sein Nachfolger.

1296–1298

Der englische König Edward I. versucht, Schottland zu unterwerfen. Der schottische Freiheitsheld William Wallace (Vorbild der Filmfigur in »Braveheart«) leitet den Widerstand.

1306–1329

König Robert The Bruce. Er besiegt in der Schlacht bei Bannockburn (Stirling) die englischen Nachbarn und erreicht damit 1320 die schottische Unabhängigkeit.

Ab 1371

Regierung der Stewarts (Stuarts).

1542–1567

Maria Stuart, Mary Queen of Scots, endet auf dem Schafott.

1555

Der Reformator John Knox, ein Jünger Johann Calvins, gründet die reformierte, »presbyterianische« schottische Kirche.

1567–1625

Maria Stuarts Sohn, James VI. von Schottland, wird 1603 als James von England und Schottland gekrönt. Schottland und England haben einen gemeinsamen Monarchen.

1625–1649

Charles I., Sohn von James I. Er verliert im Bürgerkrieg gegen die parlamentarische Armee und wird enthauptet.

1649–1660

Anhänger der Stuart-Dynastie in Schottland rufen Charles II. zum

König aus. Cromwells parlamentarische Armee vertreibt ihn, Cromwell regiert England und Schottland als Lord Protector, bis Charles II. den Thron zurückerhält.

1685–1688
James II. wird abgesetzt.

1688
William III. von Oranien (Orange). Unter seiner Regentschaft findet das Massaker von Glencoe (1692) statt, mit dem die Unabhängigkeit der schottischen Clans endet.

1707
Act of Union, Vereinigung der Parlamente von Schottland und England. Endgültig wird von London aus regiert. Ab dieser Zeit versuchen viele Schotten ihr Glück südlich der Grenze und tragen als Händler oder Soldaten zum Aufbau des britischen Weltreichs bei.

1715
Erster Jakobitenaufstand. Die schottischen Stuartanhänger geben sich nicht mit der Vertreibung James II. zufrieden. Der Aufstand misslingt.

1745–1746
Zweiter Jakobitenaufstand. Schlacht bei Culloden. Nach anfänglichen Erfolgen des Prinzen Charles Edward wird das schottische Clan-Heer vernichtend geschlagen. Fortan müssen die Schotten die englischen Herrscher akzeptieren.

Zweite Hälfte des 18. Jh.
Beginn der »land clearances« (Entvölkerung zugunsten der von Großgrundbesitzern betriebenen Viehzucht). Viele Kleinbauern werden gezwungen, ihre angestammte Scholle zu verlassen oder auszuwandern. Gleichzeitig blüht das geistige Leben Schottlands: In Edinburgh wirken der Philosoph David Hume und der Ökonom Adam Smith.

1822
Georg IV. macht einen Staatsbesuch in Edinburgh. Die Versöhnung der Nachbarn nimmt ihren Lauf.

1840–1901
Viktorianisches Zeitalter. Die Industrialisierung wird vorangetrieben. Großes Wachstum der Städte.

1928
Gründung der »Scottish Nationalist Party (NSP)«, welche die Unabhängigkeit von England anstrebt.

1964
Erdöl-/Erdgasfunde in der Nordsee. Aberdeen wird zum Zentrum der Ölförderung.

1997
Tony Blair verspricht eine erneute Abstimmung über Devolution, die Abtretung von Machtbefugnissen an eine schottische Regierung.

1999
75 % der schottischen Wähler stimmen für die Schaffung eines eigenen Parlaments.

2010
Während der Schotte Gordon Brown als britischer Premierminister scheitert, ist die Partei der Nationalisten (SNP) stärkste Kraft im schottischen Parlament und verbucht Erfolge bei den Nachwahlen für das Parlament in London.

Sprachführer Englisch

Wichtige Wörter und Ausdrücke

Ja – Yes
Nein – No
Bitte – please
Gern geschehen – My pleasure/you're welcome
Danke – Thank you
Wie bitte? – Pardon?
Ich verstehe nicht – I don't understand
Entschuldigung – Sorry/I beg your pardon/excuse me
Guten Morgen – Good morning
Guten Tag – How do you do
Guten Abend – Good evening
Hallo – Hello
Ich heiße … – My name is …
Ich komme aus … – I come from …
Wie geht's? – How are you?
Danke, gut – Fine, thanks
Wer, was, welcher – Who, what, which
Wie viel – How many/how much
Wo ist … – Where is …
Wann – When
Wie lange – How long
Sprechen Sie Deutsch? – Do you speak German?
Auf Wiedersehen – Good bye
Heute – Today
Morgen – Tomorrow

Zahlen

eins – one
zwei – two
drei – three
vier – four
fünf – five
sechs – six
sieben – seven
acht – eight
neun – nine
zehn – ten

elf – eleven
zwölf – twelve
dreizehn – thirteen
vierzehn – fourteen
fünfzehn – fifteen
sechszehn – sixteen
siebzehn – seventeen
achtzehn – eighteen
neunzehn – nineteen
zwanzig – twenty
einundzwanzig – twenty-one
dreißig – thirty
vierzig – forty
fünfzig – fifty
sechzig – sixty
siebzig – seventy
achtzig – eighty
neunzig – ninety
einhundert – one hundred
einhundertzwei – one hundred and two
eintausend – one thousand

Uhrzeiten

1 Uhr – one o' clock/one a.m.
13 Uhr – one p.m.
halb zwei – half past one
viertel nach/vor eins – quarter past/to one
viertel vor zwei – quarter to two
Mitternacht – midnight
Mittag – midday/noon
eine Stunde – one hour
Einen Augenblick, bitte – One moment, please

Wochentage

Montag – Monday
Dienstag – Tuesday
Mittwoch – Wednesday
Donnerstag – Thursday
Freitag – Friday
Samstag – Saturday
Sonntag – Sunday

Unterwegs

Wie weit ist es nach …? – How far is it to …?

Wie kommt man nach …? – How do I get to …?

Wo ist …? – Where is …?
 – die nächste Werkstatt? – the nearest garage
 – der Bahnhof/Busbahnhof – the station/bus terminal
 – die nächste Bus-Station – the nearest bus terminal
 – der Flughafen – the airport
 – die Touristeninformation – the tourist information
 – die nächste Bank – the nearest bank
 – die nächste Tankstelle – the nearest petrol station

Wo finde ich einen Arzt/eine Apotheke? – Where do I find a doctor/a pharmacy?

Bitte volltanken! – Fill up, please

Normalbenzin – Regular petrol

Super – Super

Diesel – Diesel

rechts – right

links – left

geradeaus – straight ahead

Ich möchte ein Auto mieten – I would like to hire a car

Wir hatten einen Unfall – We had an accident

Eine Fahrkarte nach … bitte – A ticket to … please

Übernachten

Ich suche ein Hotel – I'm looking for a hotel

Ich suche ein Zimmer für … Personen – I'm looking for a room for … people

Haben Sie noch Zimmer frei? – Do you have any vacancies?
 – für eine Nacht – for one night
 – für eine Woche – for one week

Ich habe ein Zimmer reserviert – I made a reservation for a room

Wie viel kostet das Zimmer? – How much is the room?
 – mit Frühstück – including breakfast
 – mit Halbpension – including half board

Kann ich das Zimmer sehen? – Can I have a look at the room?

Kann ich mit Kreditkarte zahlen? – Do you accept credit cards?

Essen und Trinken

Die Speisekarte bitte – Could I see the menu, please?

Die Rechnung bitte – Could I have the bill, please?

Ich hätte gern einen Kaffee – I would like to have a cup of coffee

Wo finde ich die Toiletten (Damen/Herren)? – Where are the washrooms (ladies/gents)?

Kellner – waiter

Frühstück – breakfast

Mittagessen – lunch

Abendessen – dinner

Einkaufen

Wo gibt es …? – Where do I find …?

Haben Sie …? – Do you have …?

Wie viel kostet das? – How much is this?

Das ist zu teuer – That's too much

Danke, das ist alles – Thank you, that's it

geöffnet/geschlossen – open/closed

Bäckerei – bakery

Markt – market

Lebensmittelgeschäft – supermarket, grocery shop

Briefmarken für einen Brief/eine Postkarte nach Deutschland/Österreich/in die Schweiz – stamps for a letter/a postcard to Germany/Austria/Switzerland

Kulinarisches Lexikon

A

ale – Bier
apple – Apfel
arbroath smokies – geräucherter
  Schellfisch, wird warm gegessen

B

bacon – Schinkenspeck
beans – Bohnen
beef – Rind
beef olives – Rouladen
beetroot – Rote Bete
boiled – gekocht
black pudding – Blutwurst
Brussels sprouts – Rosenkohl
buns – Küchlein und Brötchen
butteries – Brötchen aus Blätterteig

C

carrots – Karotten
cauliflower – Blumenkohl
celery – Sellerie
chicken – Hühnchen
chop – Kotelett
cider – Apfelwein
clams and scallops – Muscheln
cock-a-leekie soup – Hühnersuppe
  mit Lauch
cod – Kabeljau
corn on the cob – Maiskolben
courgettes – Zucchini
cottage loaf – Landbrot
crab – Krebs
crayfish – Languste
crowdie – Frischkäse
cucumber – Gemüsegurke
cullen skink – Fischsuppe
cutlet – Kotelett

D

dish of the day – Tagesgericht
draught beer – Fassbier
duck – Ente
dumpling – Kloß

F

finnan haddock – leicht gesalzener
  Schellfisch, wird in Milch warm
  gegessen
French beans – grüne Bohnen
fried potatoes – Bratkartoffeln

G

gaelic coffee – »Irish Coffee« mit
  schottischem Whisky
game – Wild
garlic – Knoblauch
ginger – Ingwer
goose – Gans
gravy – Bratensauce
grouse – schottisches Moorhuhn

H

haddock – Schellfisch
haggis – Wurst aus Schafsinnereien
halibut – Heilbutt
herbs – Kräuter
horseradish – Meerrettich
hot – heiß, scharf
hotch potch – Lammsuppe mit Gemüse

I/J

ice cube – Eiswürfel
jam – Marmelade

K

kidney – Niere
kippers – geräucherte Heringe, werden warm gegessen

L

lager beer – helles Bier
lamb – Lamm
leek – Porree, Lauch
lettuce – Kopfsalat
lime juice – Limonensaft
liver – Leber
loin – Lendenstück

M

marmalade – Marmelade aus
  Zitrusfrüchten
mashed potatoes – Kartoffelbrei
mead – Honigwein
minced meat – Hackfleisch
mushroom – Pilz
mustard – Senf
mutton – Hammelfleisch

N

neeps – Steckrüben
noodles – Nudeln

O

oat cakes – Haferplätzchen, werden
  mit Butter und Käse gegessen
onion – Zwiebel

P

partridge – Rebhuhn
pea – Erbse
peach – Pfirsich
pear – Birne
pie – Pastete, gefüllt mit
  Gehacktem oder mit Obst
pint – 0,57 Liter
plum pudding – Süßspeise aus
  Mehl, Talg, Eiern, Trockenobst,
  Gewürzen und Cognac
pork – Schweinefleisch
poultry – Geflügel
prawn – Garnele
pudding – warme Süßspeise (z. B.
  Reispudding)

R

rabbit – Kaninchen
rare – kaum durchgebraten
raspberries – Himbeeren
red cabbage – Rotkohl
rib – Rippe
rice – Reis
roast – Braten
roast beef – Rinderbraten
roll – Brötchen

S

salmon – Lachs
sausage – Wurst
scallop – Jakobsmuschel
scone – Weizenmehlküchlein
scotch broth – Fleischsuppe mit
  Gemüsen und Graupen
scrambled eggs – Rührei
seafood – Meeresfrüchte
shellfish – Schalentiere
slice – Scheibe
smoked – geräuchert
soft boiled eggs – weiche Eier
sole – Seezunge
spinach – Spinat
steak and kidney pie – Rinds- und
  Nierenragout-Blätterteigpastete,
  wird mit Gemüse serviert
stew – Schmor-/Eintopfgericht
stout – dunkles Starkbier

T

tart – Kuchen
tatties – Kartoffeln
toddy – Whisky mit heißem Wasser
  und Zucker (bei Erkältungen!)
trifle – Schichtpudding
trout – Forelle
turbot – Steinbutt
turkey – Truthahn, Pute

V

veal – Kalb
vegetables – Gemüse
venison – Hirsch, Reh
vinegar – Essig

W

well done – durchgebraten
whipped cream – Schlagsahne
white pudding – gebratene helle
  Wurst, oft vegetarisch

Y

yorkshire pudding – Beilage aus
  Pfannkuchenteig

Reisepraktisches von A–Z

ANREISE

MIT DEM AUTO UND DER FÄHRE

Vom niederländischen Rotterdam aus bestehen Fährverbindungen nach Kingston upon Hull an der englischen Küste (www.poferries.com). Die Fähre benötigt ca. 14 Std. Von Kingston upon Hull führt der Weg in rund 4 Std. über die M 62 und die A 1/M 1 nach Edinburgh.

Eine weitere Alternative ist die Route Amsterdam–Newcastle: www.dfdsseaways.de. Es gibt eine tägliche Nachtverbindung, die die Fahrzeit in England um ca. 2 Std. gegenüber der Strecke nach Hull verkürzt. Schneller sind die Boote von Calais, Dünkirchen oder Boulogne nach Dover bzw. Folkstone in Südengland. Dafür verdreifacht sich die Fahrzeit mit dem Auto.

MIT DER BAHN

Es gibt Direktverbindungen von London nach Aberdeen, Edinburgh, Glasgow, Stirling/Perth und Inverness. Mit dem Intercity dauert die Fahrt von London nach Edinburgh 4,5 Std. Wer weiter nach Fort William und Oban fahren möchte, muss in Glasgow umsteigen und von der Central Station zur Queen Street Station hinüberwechseln.

Nachts gibt es einen Schlafwagenzug von London-Euston direkt bis Fort William. Von dort aus führt eine der schönsten Zugstrecken im Lande, die »West Highland Line«, nach Mallaig und von Inverness aus nach Kyle of Lochalsh.

MIT DEM BUS

Täglich fahren Busse der **Eurolines/Touring** von deutschen Städten nach London (Victoria Station). Von dort aus gibt es Fernverbindungen in alle großen Städte Schottlands.

Eurolines Germany/Touring

www.touring.de, siehe Internetseite für Kontaktinformationen der DTG-Ticket-Center in 17 deutschen Städten

MIT DEM FLUGZEUG

Die internationalen Flughäfen in Schottland sind Edinburgh Airport, Glasgow International und Glasgow Prestwick. Direktverbindungen aus dem deutschsprachigen Raum: nach Glasgow International mit Easyjet ab Berlin-Schönefeld. Nach Edinburgh: mit Easyjet von Basel-Mulhouse-Freiburg, Köln/Bonn, München, mit Germanwings von Berlin Schönefeld, Friedrichshafen, Köln/Bonn, Dresden, Leipzig, München, Wien, Zürich und mit Ryanair von Berlin Schönefeld, Bremen, Düsseldorf (Weeze), Frankfurt-Hahn, Memmingen, München-West (damit ist der Flughafen Memmingen im Allgäu gemeint, der 100 km westlich von München liegt).

Zu den Flughäfen Aberdeen und Inverness gibt es Verbindungen von verschiedenen englischen Flughäfen, z. B. London Gatwick (Easyjet, British Airways), London Luton (Easyjet), Leeds/Bradford und East Midlands (Eastern Airways). Die Routen unterliegen ständigen Änderungen; die Webseite von VisitScotland hat eine meist aktuelle Übersicht.

Auf www.atmosfair.de und www.myclimate.org kann jeder Reisende durch eine Spende für Klimaschutzprojekte für die CO_2-Emission seines Fluges aufkommen.

AUSKUNFT

IN DEUTSCHLAND, ÖSTERREICH UND DER SCHWEIZ
Britische Zentrale für Tourismus
Dorotheenstr. 54, 10117 Berlin •
Tel. 0 18 01 46 86 42 • www.visit
britain.com

IN SCHOTTLAND
Scottish Tourist Board
94 Ocean Drive, Edinburgh EH6 6JH •
Tel. 0 84 52 25 51 21 • www.visit
scotland.com

BUCHTIPPS

Robert Louis Stevenson: Entführt oder Die Erinnerungen des David Balfour an seine Abenteuer im Jahre 1751 (dtv, 1998) Spannendes Highland-Abenteuer vom Autor der »Schatzinsel« und »Dr. Jekyll und Mr. Hyde«, Letzteres auf der Basis wahrer Begebenheiten in Edinburgh.
Muriel Sparks: Die Blütezeit der Miss Jean Brodie (Diogenes Verlag 2003) Die Geschichte einer unkonventionellen Lehrerin in der biederen Marcia Blaine School im Edinburgh des letzten Jahrhunderts.
Sean Connery: Mein Schottland, mein Leben (Ullstein, 2009) Hier lernt man »Agent 007«, der 1930 in Edinburgh geboren ist, von seiner patriotischen Seite kennen.

DIPLOMATISCHE VERTRETUNGEN
Deutsches Generalkonsulat
▶ Klappe hinten, a 2

16 Eglinton Crescent, Edinburgh •
Tel. 01 31/3 37 23 23 •
www.edinburgh.diplo.de

Österreichisches Konsulat
▶ Klappe hinten, a 2

49 Craigcrook Road, Edinburgh •
Tel. 01 31/3 32 33 44

Schweizer Konsulat
▶ Klappe hinten, a 2

255C Colinton Road, Edinburgh •
Tel. 01 31/4 41 40 44

FEIERTAGE

1. Jan. Neujahrstag
Karfreitag
Ostermontag
Erster Mo im Mai May-Day
Letzter Mo im Mai Bank Holiday
Letzter Mo im August Bank Holiday
25. Dez. Christmas Day
26. Dez. Boxing Day

GELD

1 Britisches Pfund (£)	1,14 € /1,37 SFr
1 €	0,87 £
1 SFr	0,73 £

Kreditkarten sind sehr gebräuchlich. Die gängigsten sind American Express, Diners Club, Visa und Mastercard. Banken haben normalerweise Mo–Fr von 9–17 Uhr, einige auch am Samstagvormittag geöffnet. Vor Feiertagen ist oft schon mittags Schalterschluss. Die wichtigsten Banken sind die Royal Bank of Scotland, die Bank of Scotland (bietet stets den besten Umrechnungskurs!) und die Clydesdale Bank.

INTERNET

www.visitscotland.com ist die offizielle Website des **Scottish Tourist Board** mit umfassender und gut aufbereiteter Information und vielen hilfreichen Links, auch mit Seiten in deutscher Sprache.
Unter **www.visithighlands.com** präsentiert sich die Website der Highlands. Hier finden sich Sehenswürdigkeiten, Unterkünfte, Wander-

tipps und vielfältige Informationen von Ahnenforschung bis hin zu romantischen Hochzeiten.
www.visitorkney.com und **www.visitshetland.com** sind sehr gute Websites mit vielen nützlichen Links zu den Orkney- und Shetland-Inseln.

MEDIZINISCHE VERSORGUNG
KRANKENVERSICHERUNG

Die Vorlage einer Europäischen Krankenversicherungskarte (EHIC) ist ausreichend. Als zusätzlicher Versicherungsschutz empfiehlt sich der Abschluss einer Auslandskrankenversicherung, da diese Krankenrücktransporte mitversichert.

KRANKENHAUS

Krankenhäuser befinden sich in Edinburgh, Aberdeen, Glasgow und auf den Orkney- und Shetland-Inseln

APOTHEKEN

Apotheken sind in der Regel tgl. von 9–20 Uhr geöffnet.

NOTRUF

Tel. 999
(Polizei, Feuerwehr, Rettungsdienst)

POST

Die Briefkästen in Großbritannien sind rot. Briefmarken erhält man in allen Postfilialen, Zeitungsläden und an Tankstellen. Eine Postkarte nach Deutschland, Österreich und in die Schweiz kostet 0,56 Pence.

REISEDOKUMENTE

Deutsche, Österreicher und Schweizer können mit einem gültigen Reisepass oder Personalausweis (Identitätskarte) einreisen. Kinder unter 16 Jahren müssen im Pass eines Elternteils eingetragen sein oder benötigen

NEBENKOSTEN

1 Tasse Kaffee	3,00 €
1 Bier (kleines Helles)	3,50 €
1 Cola	2,50 €
Fish and Chips	ab 7,00 €
1 Schachtel Zigaretten	7,00 €
1 Liter Super-Benzin	1,50 €
Cityfahrt mit öffentl. Verkehsmitteln (Einzelfahrt)	2,00 €
Mietwagen/Woche	ab 100,00 €

einen Kinderausweis. Schweizer müssen bei der Einreise die »Pink Card« (rosa Formular) ausfüllen.

REISEWETTER

Die idealen Reisemonate für Schottland sind Mai und Juni. Dann sind die Tage lang, bei klarem Himmel kann man noch um 23 Uhr im Freien Zeitung lesen, und es gibt noch keine Mücken. Besonders schön ist es wieder Ende August, wenn das Auge meilenweit nur blühende Heide sieht. Im September wird es dann schnell herbstlich. Zu jeder Jahreszeit kann das Wetter sehr wechselhaft sein: Man sagt deshalb »All four seasons in one day«. Deshalb gehört Kleidung für Regen und Kälte, aber auch für unverhofft warme Sonnentage immer ins Reisegepäck.

STROM

Die elektrische Spannung beträgt 240 Volt. Für elektrische Geräte wird ein Steckeradapter benötigt.

TELEFON
VORWAHLEN

D, A, CH ▸ Schottland 00 44
Schottland ▸ D 00 49
Schottland ▸ A 00 43
Schottland ▸ CH 00 41

In Telefonzellen kann man mit Telefonkarten, erhältlich im Postamt oder in Läden mit BTPhonecard-Aufkleber, (£ 20, £ 10, £ 4, £ 2, £ 1) oder Bargeld telefonieren. Eine Minute nach Deutschland kostet ca. £ 0,40 von 8–20 Uhr, ca. £ 0,35 von 20–8 Uhr.

VERKEHR

VERKEHRSREGELN

Es wird links gefahren, rechts überholt; rechts vor links gilt im **Kreisverkehr**. Am einfachsten ist das Fahren auf **Autobahnen** und Hauptverkehrsstraßen, weil man sich da immer an anderen Autos orientieren kann.

Die **Höchstgeschwindigkeit** beträgt auf den »Motorways« und anderen vierspurigen Straßen 70 Meilen (112 km/h), auf Fernverkehrsstraßen (A vor der Nummer) und Landstraßen (B vor der Nummer) 60 Meilen (97 km/h), in Ortschaften 30 Meilen (48 km/h).

Sehr zu empfehlen ist vor Ort die Anschaffung eines großformatigen britischen »Road Atlas«, der jede letzte einspurige Landstraße zeigt.

BAHN

Bei Bahnreisen lohnt es sich, nach Preisermäßigungen zu fragen. Dauerangebote sind der »Scottish Freedom Pass«, der für das gesamte Eisenbahnnetz und etliche Bus- und Fährlinien gilt (4 Tage innerhalb von 8 Tagen (121,80 £) oder an 8 Tagen innerhalb eines Zeitraums von 15 Tagen (163,40 £). Außerdem gibt es bis zu 33 % Ermäßigung auf Fähren zu und zwischen den Inseln. Mit dem Highland Rover Ticket (68 £) kann man an 4 von 8 aufeinander folgenden Tagen auf der Westküste-Strecke von Glasgow bis Mallaig und in den nördlichen Highlands fahren.

Informationen über öffentliche Verkehrsmittel in ganz Großbritannien findet man bei Traveline, Tel. 08 71/2 00 22 33 und unter www.traveline scotland.com.

BUS

Für Reisen von England nach Schottland gelten Preisnachlässe beim Kauf eines Buspasses über VisitBritain. Leider gelten diese Ermäßigungen nicht für Reisen innerhalb von Schottland. Dort gibt es aber ein gut ausgebautes Netz von Buslinien mit Preisen, die meist die Bahnfahrkarten unterbieten.

Preiswert sind die schnellen, mehrmals täglichen Verbindungen mit der Firma Megabus zwischen Edinburgh, Glasgow, Aberdeen, Inverness, Dun-

Mittelwerte	JAN	FEB	MÄR	APR	MAI	JUN	JUL	AUG	SEP	OKT	NOV	DEZ
Tagestemperatur	6	6	8	11	14	17	18	18	16	12	9	7
Nachttemperatur	1	1	2	4	6	9	11	11	9	7	4	2
Sonnenstunden	2	3	3	5	6	6	5	5	4	3	2	2
Regentage pro Monat	17	15	15	14	14	15	17	16	16	17	17	18
Wassertemperatur	6	6	5	6	8	11	13	13	12	11	9	8

dee und Perth. Informationen: www.megabus.com.

Der größte Anbieter heißt Scottish Citylink Coaches, Tel. 0 87 05/ 50 50 50, www.citylink.co.uk. Weitere überregionale Verbindungen findet man bei Stagecoach Buses. Um Kosten zu sparen, kann man Busfahrkarten per Internet kaufen. www.stagecoachbus.com

Die **Postbusse** der »Royal Mail« nehmen auf vielen ländlichen Strecken Fahrgäste bei der Postzustellung mit (www.postbus.royalmail.com). Mit einem internationalen Studentenausweis und einem Lichtbild kann man sich an den Busbahnhöfen der Städte eine »Student Coach Card« kaufen, die für ganz Großbritannien gilt.

FAHRRAD

Fahrradverleihe gibt es in jeder größeren Stadt. Die Wochenmieten bewegen sich zwischen 35 und 60 £.

TAXI

Taxistände gibt es in den Stadtzentren und an Bahnhöfen. In Großstädten können auch auf der Straße Taxis angehalten werden, deren gelbes »For-Hire«-Signal erleuchtet ist. Auf dem Land sind es kleine Familienunternehmen, die eine Taxikonzession haben. Fragen Sie die Einheimischen oder die Touristeninformation.

ZOLL

Reisende aus Deutschland und Österreich dürfen Waren abgabenfrei mit nach Hause nehmen, wenn diese für den privaten Gebrauch bestimmt sind. Bestimmte Richtmengen sollten jedoch nicht überschritten werden (z. B. 800 Zigaretten, 90 l Wein, 10 kg Kaffee). Weitere Auskünfte unter www.zoll.de und www.bmf.gv.at/zoll. Reisende aus der Schweiz dürfen Waren im Wert von 300 SFr abgabenfrei mit nach Hause nehmen, wenn diese für den privaten Gebrauch bestimmt sind. Tabakwaren und Alkohol fallen nicht unter diese Wertgrenze und bleiben in bestimmten Mengen abgabenfrei (z. B. 200 Zigaretten, 2 l Wein). Weitere Auskünfte unter www.zoll.ch.

ENTFERNUNGEN (IN KM) ZWISCHEN WICHTIGEN ORTEN

	Aberdeen	Dundee	Edinburgh	Fort William	Glasgow	Inverness	Kyle of Lochalsh	Mallaig	Oban	Ullapool
Aberdeen	–	112	201	265	233	169	301	302	288	241
Dundee	112	–	93	193	131	210	283	258	189	302
Edinburgh	201	93	–	235	68	254	330	288	200	327
Fort William	265	193	235	–	167	106	122	70	78	145
Glasgow	233	131	68	167	–	267	290	240	150	312
Inverness	169	210	254	106	267	–	131	170	186	72
Kyle of Lochalsh	301	283	330	122	290	131	–	54	200	141
Mallaig	302	258	288	70	240	170	54	–	144	266
Oban	288	189	200	78	150	186	200	144	–	266
Ullapool	241	302	327	145	312	72	141	266	266	–

Kartenatlas
Maßstab 1:1000000

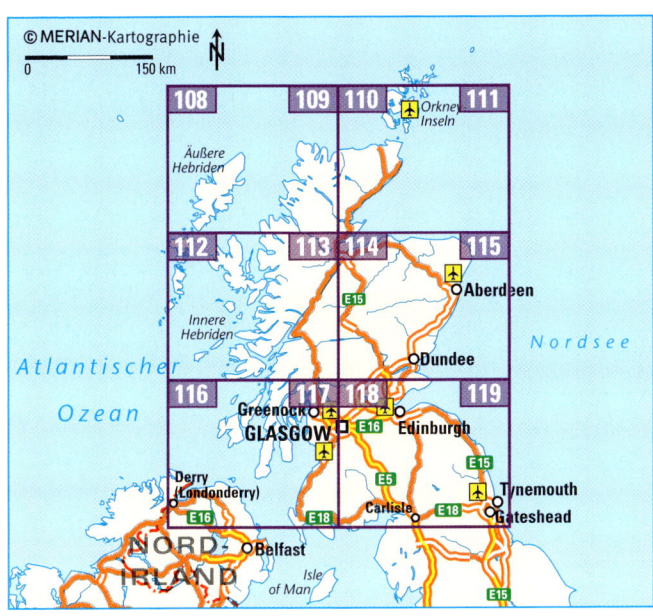

© MERIAN-Kartographie

0 — 150 km

108 109 110 111
Orkney Inseln
Äußere Hebriden
112 113 114 115
Aberdeen
E15
Innere Hebriden
Dundee
Nordsee
Atlantischer
Ozean
116 117 118 119
Greenock
GLASGOW
E16 Edinburgh
E15
Derry (Londonderry)
E5
Tynemouth
E18 Carlisle E18 Gateshead
E16
NORD
Belfast
Isle of Man
LAND
E15

Legende

Routen und Touren

- ○▶● Von Inverness an die Atlantikküste (S. 90) Start: S. 114, A13
- ○▶● Von Aberdeen durch das Tal des River Dee (S. 92) Start: S. 115, E14
- ○▶● Auf dem Caledonian Canal durch Loch Ness (S. 93) Start: S. 114, A13
- ○▶● Die »West Highland Line« (S. 95) Start: S. 118, A21

Sehenswürdigkeiten

- 🔟 MERIAN-TopTen
- 🔟 MERIAN-Tipp
- ☐ Sehenswürdigkeit, öffentl. Gebäude
- ✴ Sehenswürdigkeit Kultur
- ✴ Sehenswürdigkeit Natur
- ♦♦ Kirche; Kloster

Sehenswürdigkeiten ff.

- 🏰 Schloss, Burg; Ruine
- ☪ ✡ Moschee; Synagoge
- 🏛 Museum; Denkmal
- 🗼 Leuchtturm
- 🗼 Windmühle
- Destillerie

Verkehr

- Autobahn
- Autobahnähnliche Straße
- Fernverkehrsstraße
- Hauptstraße
- Nebenstraße
- Unbefestigte Straße, Weg
- Fußgängerzone
- 🅿 Parkmöglichkeit
- 🅱 🅷 Busbahnhof;

Verkehr ff.

- Ⓤ U-Bahn
- Bahnhof
- ⚓ Schiffsanleger
- ✈ ⊕ Flughafen; Flugplatz

Sonstiges

- ℹ Information
- Theater
- Markt
- 🐘 Zoo
- Botschaft, Konsulat
- ☼ Aussichtspunkt
- † † † Friedhof
- National-, Naturparkgrenze

A t l a n t i s c h e r

H e b r i d e n

Black House Museum

Dun Carloway Broch

Carloway

Calanais Standing Stones 9

Stornc

Gallan Head

Aird Uig

Great Bernera

Timsgarry

Loch Roag

Garenin

Loch Suainaval

of

Brenish

Laxay

Loch
Langavat

Anvruaich

Loch Eriso

Scarp

L. Resort *Lewis* 9

Loch
Shell

Hushinish

Ardvourlie Castle

West Loch Tarbert

Maaruig

Taransay

Tarbert

Luskentyre

Scalpay

Shian
Island

Toe Head

Borve

9 *Harris*

East
Loch
Tarbert

Pabbay

Ensay

Leverburgh

Berneray

Rodel

Sound of Harris

Renish Point

W e s t e r n I s l e s

Newton-ferry

Tigharry

North Uist

Lochmaddy

Skye Muse of Island L
Grab von Flora MacDonald

À

u

B

e

r

e

Carinish

Balivanich

Sound of Monach

Monach Islands

Waternish Point

Loch Snizort

Benbecula

Creagorry

Dunvegan Head

D vegan
Castle

Colbost

Dunvean

Isle

112

z e a n

1

f Lewis
rch of
oulag   Port of Ness

Trushel
ne Circle
New Tolsta
Tolsta Head

Broad
Bay   Tiumpain Head
Port Mholair
Eye Peninsula
St. Columba's

The Minch

ck Head

Summer Isles

Rubha Còigeach
Enard
Bay
Achiltibuie

Gruinard
Bay
Laide
Ewe
Loch
Ewe
Poolewe

Inverewe
Gardens
Gairloch

Quiraing
Kilt Rock
Waterfall

Loch
Gairloch

Rona

Loch Torridon

Quiring

Upper Loch

Kinlochewe

Loch Maree

Fionn Loch

Lòchan
Fada

Sgurr Mòr
1109

Little Loch Broom

Loch
na Sealga

Dundonnell

12

Cape Wrath

Durn

2

Kyle of
Durness
Loch
Inch

Kinlochbervie

Rhiconich

Handa

Loch Laxford

Scourie

Laxford Bridge

Loc
Hope

110

Eddrachillis
Bay
Oldany
Drumbeg

Kylesstrome

Loch
Stack

Loch
Mor

Loch
Glendhu
Loch
Glencoul

Ardvreck Castle

Lochinver

Loch
Assynt

Inchnadamph

Loch
Sionascaig
Cam
Loch

Ledmore

Ben More
Assynt
998

3

versc

Loch
Lurgainn

Loch
Urigill

Strathcanaird

Lubcroy

Oykel
Bridge

Inve

Alt

Ullapool

Ardcharnich

Loch Broom

Beinn Dearg
1084

4

Lochdrum

A835

Loch Glas

amoch

19

Loch Fannich

Garve

Clan

Dalmore
Dist

Achnasheen

0   15 km

© MERIAN-Kartographie

Loin
Glen Ord

113

D   E

A   B   C

A t l a n t i s c h e r

O z e a n

5

Brough Head

Twatt

Skara Brae 10

Mainland

Ring of Brodgar

Stromness

Old Man of Hoy 479

Rora Head

Lyne

Hoy

Tor Ness   Ma

Pentla

6

pe Wrath

Durness   *Whiten Head*

Eilean nan Ròn

Strathy Point

Dunnet Head

Dunnet Bay

Scrabster   *Dunnet*

Kyle of Durness

Melvich   Reay   Forss   **Thurso**   Castlehill   Castletown   Dunnet

Kyle of Tongue

Bettyhill   Roadside   A9   Loch Watten   Re

Coldbackie

Tongue

Ben Hope 927

Lettermore   Dalhavaig   *Loch Calder*

Dun Dornaigil Broch

Ben Loyal 765

Syre

Mybster   24

Loch Hope

Loch Loyal

Grummore Broch   *Ben Griam Mór* 590   Forsinard   *Loch More*   A

Altnaharra   Lybster   17

L. Naver   *Loch Rimsdale*

Latheron

Loch Meadie

Loch Choire   Kinbrace

Overscaig   Kildonan Lodge   Berriedale   20

Rhian   A9

Loch Shin   Helmsdale

7

onich   Bridge   **Kintradwell Broch**

k Castle   adamph

Lairg   *Loch Brora*   **Clynelish Dist.**

Ben More Assynt 998   Oykel Bridge   Invercassley   **Dunrobin Castle**   21   Brora

Altass   Golspie

Bonar Bridge   A15   *Loch Fleet*

8

inn Dearg 084   14   Dornoch

Rhian

Dornoch Firth   Tain   Tarbat Ness

Glenmorangie Dist.

ch Glascarnoch   19

Loch Moire

Loch Glass   Alness   16   Invergordon

Lossiemouth

A9   *Cromarty Firth*   Burghead   Glen Moray Dist.

Cromarty   *Moray Firth*

Dalmore Dist.   A835   Dingwall   *Black Isle*   Benromach   114   Findhorn   Elgin   Linkwood

Contin   Fortrose   Nairn   **Brodie Castle**   Findhorn   Forres   13   Dist.

Glen Ord

109

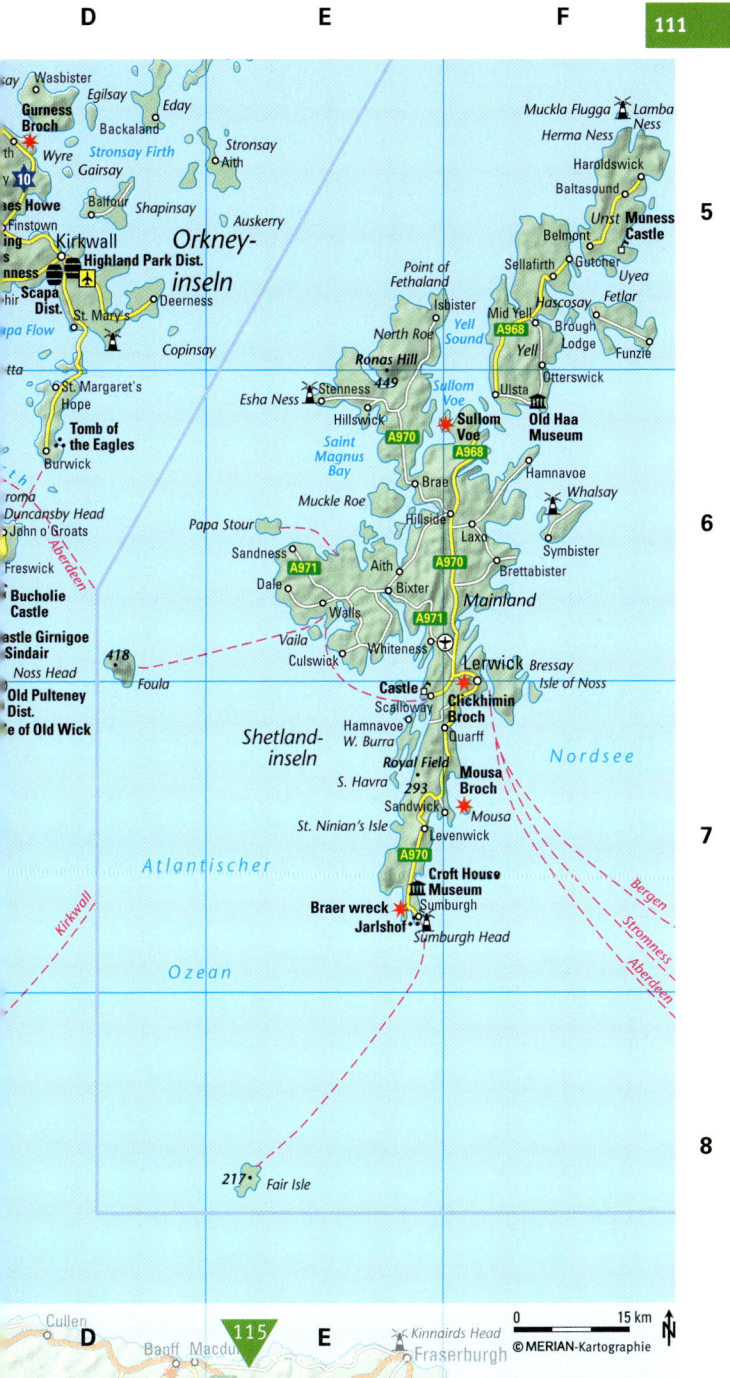

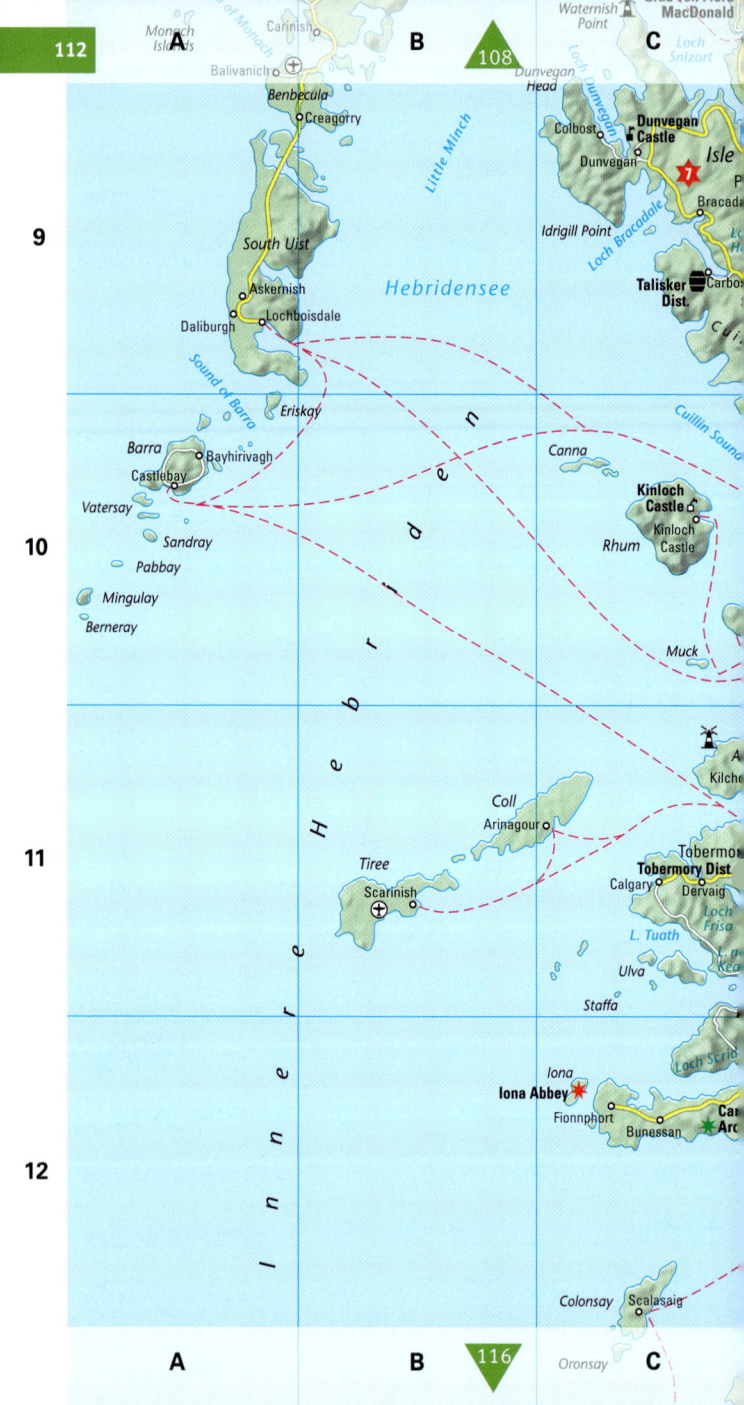

A
B
C

Monach
Islands
Carinish
Balivanich

Benbecula
Creagorry

Grab von Flora
MacDonald
Waternish
Point

Loch
Snizort

Dunvegan
Head

Colbost
Dunvegan
Dunvegan
Castle

Isle

7

Bracada

9

South Uist

Idrigill Point
Loch Bracadale

Hebridensee

**Talisker
Dist.**
Carbo

Askernish
Lochboisdale
Daliburgh

Little Minch

Sound of Barra
Eriskay

Cuillin Sound

Barra
Bayhirivagh
Castlebay
Vatersay
Sandray
Pabbay
Mingulay
Berneray

Canna

Kinloch
Castle
Kinloch
Castle

Rhum

Muck

10

H
e
b
r
i
d
e
n

Kilche

A

Coll
Arinagour

I
n
n
e
r
e

Tiree
Scarinish

Tobermo
Tobermory Dist.
Calgary
Dervaig

Loch
Frisa

L. Tuath

Ulva

Staffa

Kea

11

H
e
b
r
i
d
e
s

Loch Scrib

Iona
Iona Abbey
Finnphort
Bunessan

Car
Ard

12

Colonsay
Scalasaig

Oronsay

A
B
C

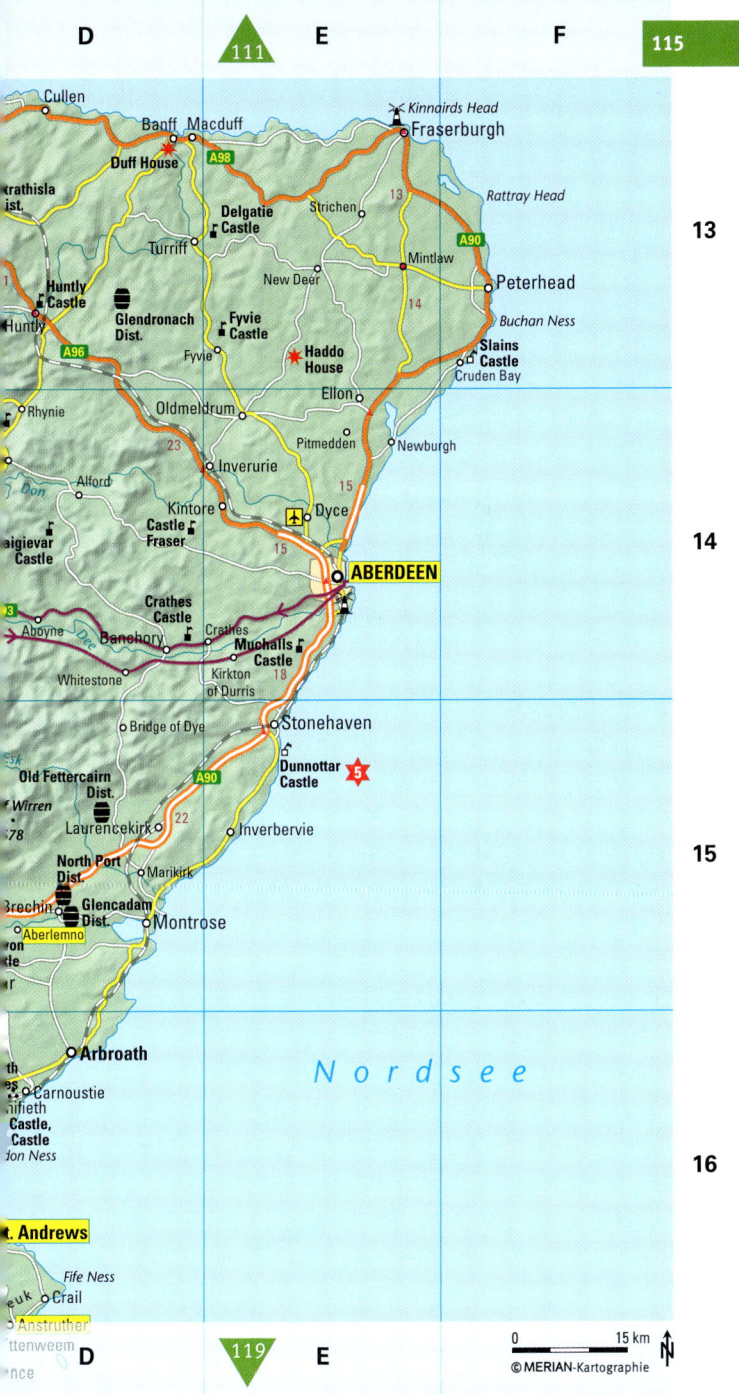

13

Cullen
Banff Macduff
Duff House A98 ✈ Kinnairds Head
Fraserburgh
rathisla
ist. Delgatie
Castle Strichen 13 Rattray Head
Turriff New Deer A90
Huntly
Castle Mintlaw Peterhead
Huntly Glendronach
Dist. Fyvie
Castle 14 Buchan Ness
A96 Fyvie Haddo
House Slains
Castle
Cruden Bay
Rhynie Oldmeldrum Ellon
23 Pitmedden Newburgh

14

Alford Inverurie
Don Kintore 15 Dyce
aigievar Castle Fraser
Castle 15
ABERDEEN
3 Crathes
Castle
Aboyne Banchory Crathes
Whitestone Muchalls
Castle 18
Kirkton
of Durris
Bridge of Dye Stonehaven

15

Old Fettercairn
Dist. Dunnottar
Castle 5
Wirren
78 Laurencekirk A90 22 Inverbervie
North Port
Dist. Marikirk
Brechin Glencadam
Dist. Montrose
Aberlemno
on
de
ss

Arbroath
th
Carnoustie
nifieth,
Castle
on Ness

16

St. Andrews

Fife Ness
euk Crail
Anstruther
ttenweem
nce

N o r d s e e

0   15 km
© MERIAN-Kartographie
N

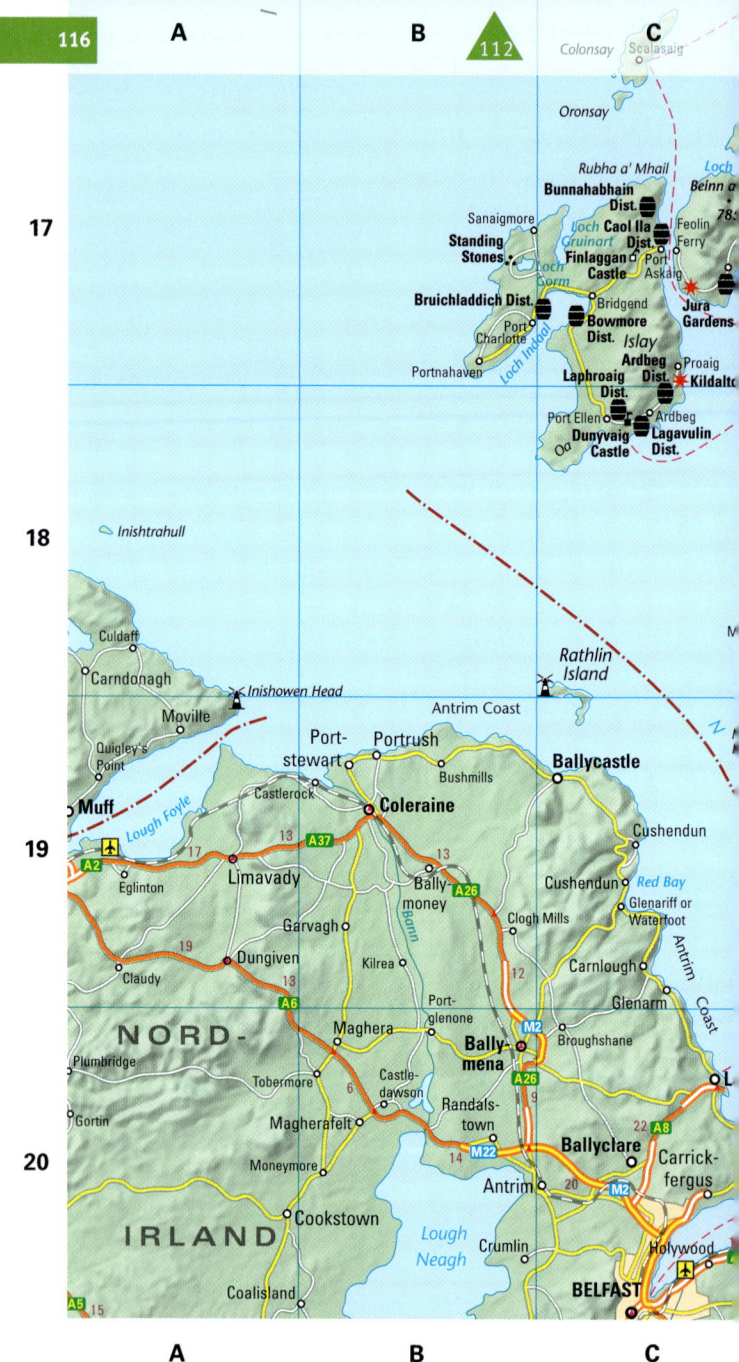

A   B   112   C

17

Colonsay Scalasaig

Oronsay

Rubha a' Mhail   Loch Beinn a

Bunnahabhain Dist.   785

Sanaigmore   Caol Ila Dist.   Feolin Ferry

Standing Stones   Loch Gruinart   Finlaggan Castle   Port Askaig

Loch Gorm   Jura Gardens

Bruichladdich Dist.   Bridgend

Port Charlotte   Bowmore Dist.

Loch Indaal   Islay

Portnahaven   Ardbeg Dist.   Proaig   Kildalto

Laphroaig Dist.

Port Ellen   Ardbeg

Dunyvaig Castle   Oa   Lagavulin Dist.

18

Inishtrahull

Rathlin Island

Culdaff

Carndonagh

Inishowen Head

Antrim Coast

Moville

Quigley's Point

Port-stewart   Portrush   Ballycastle

Bushmills

19

Muff   Lough Foyle   Coleraine   Cushendun

Castlerock

A2   17   13   A37   13   Cushendun   Red Bay

Eglinton   Limavady   Bally-money   A26   Glenariff or Waterfoot

Bann   Clogh Mills

Garvagh   Carnlough

19   Dungiven   Kilrea   12

Claudy   A6   13   Port-glenone   Glenarm

NORD-   Maghera   M2   Antrim Coast   L

Plumbridge   Tobermore   Castle-dawson   Ballymena   Broughshane

Gortin   A26   9

Magherafelt   Randals-town   A8   22

Moneymore   M22   14   Ballyclare   Carrick-fergus

20   Antrim   20   M2

IRLAND   Cookstown   Lough Neagh   Crumlin   Holywood

Coalisland   BELFAST

A5   15

A   B   C

Scarba

Carnassarie Castle

Inveraray

Cairndow

Inverugas

Tarbet

879

Wallac

D

113

E

Furnace

Argyll

Forest Park

A83

Kilmartin

Loch

Awe

Artlochar

A82

Queen

Elizabeth

F

117

23

Loch

Lomond

Crinan

Dunadd Fort

Minard Castle

Castle Lachlan

Cowal

Ardentinny

Gare Loch

Helensburgh

Balloch

Alexandria

Drymen

Glenc

17

Crinan Canal

Loch-gilphead

Castle Lachlan

Kilcreggan

Dunoon

Benmore

Dumbarton

Kirkin

Ardrishaig

Otter Ferry

Loch Riddon

Tighna-bruaich

Gourock

Greenock

A8

Clyde

12

bank

Castle Sween

Tarbert

Portavadie

Colintraive

Innellan

Port Glasgow

24

M8

3

5

Kilberry Stones

Kenna-craig

Rothesay

Ascog

Wemyss Bay

A78

Johnstone

PAISLEY

GLASG

Kilberry

Claonaig

Bute

Great Cumbrae

Largs

Barrhead

East Kilbride

Tayinloan

Lochranza

Millport

Kilbirnie

Beith

23

Strath

A83

Carradale

Arran Dist.

Brodick Castle

W. Kilbride

Dalry

Stewarton

M77

Kintyre

Arran

Brodick

Ardrossan

Saltcoats

Kilwinning

20

Kilmarnock

18

Springbank, Glengyle, Glen Scotia Dist.

Lamlash

Holy Island

Irvine

A71

Galston

Mauchline

Sorn

Campbeltown

Blackwaterfoot

Dippen

Firth of Clyde

Troon

Prestwick

12

15

A76

Sanda

Ayr

Alloway

Cumnock

New Cum

118

Culzean Castle

Dunure

20

Dalmellington

797

end

Sanda

Turnberry

Maybole

Straiton

Loch Doon

19

Girvan

Barr

S o u t h

Magee

A77

Pinwherry

Barrhill

Galloway Forest Park

Clatteringshaws Loch

New Galloway

ad

Ballantrae

Bargrennan

Mossdale

31

Kirkcolm

Cairnryan

Challoch

Newton Stewart

Galloway

Loch Ryan

A75

Castle Kennedy Gdns.

Gatehouse of Fleet

Ringford

Stranraer

Glenluce

Wigtown

31

Cardoness Castle

20

Portpatrick

Sandhead

Auchenmalg

Wigtown Bay

Kirkcud bright

C h a n n e l

Luce Bay

Port William

Logan Gdns.

Douglas

Drummore

Whithorn

Isle of Whithorn

Donaghadee

Douglas

Mull of Galloway

Burrow Head

D

E

0   15 km

© MERIAN-Kartographie

N

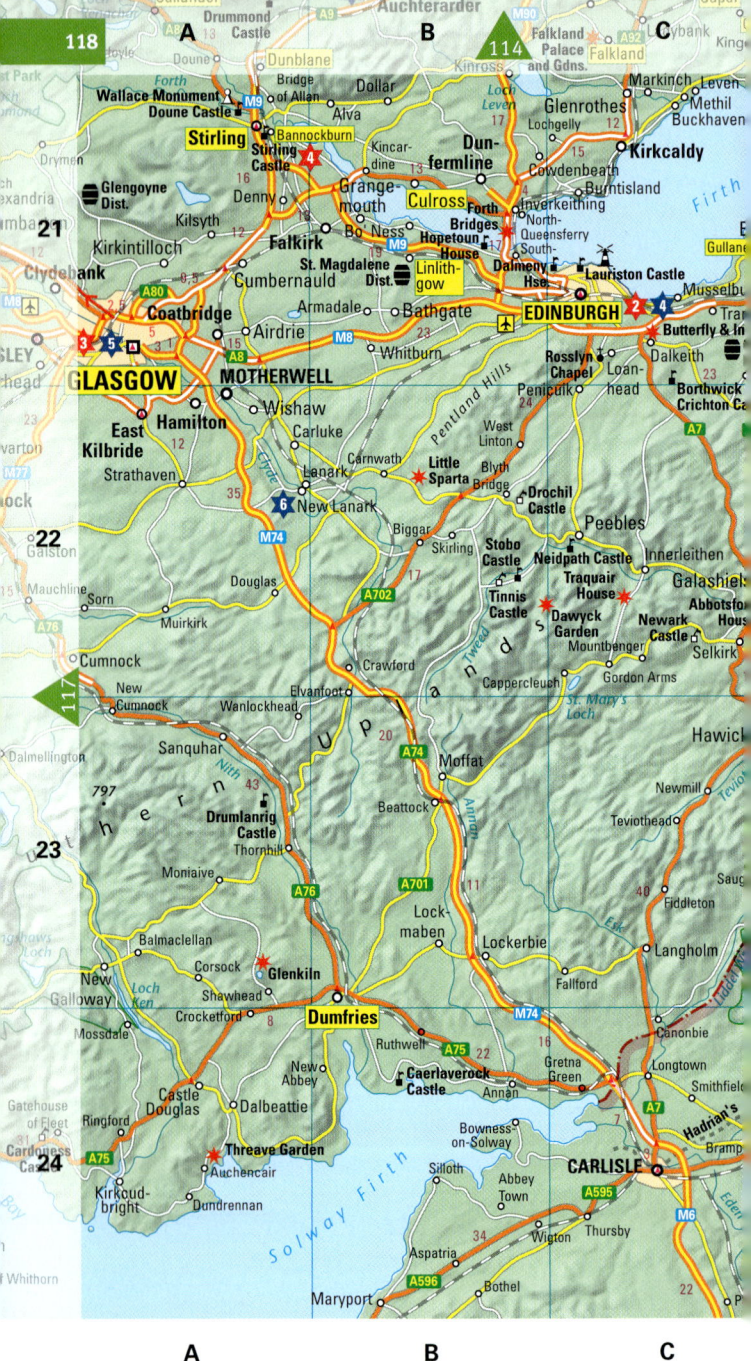

St. Andrews

115

21

Anstruther
ittenweem
ance
t h
ass Rock

N o r d s e e

Tantallon
Castle
ast
ton
Dunbar
Hailes Castle
lington

muir Hills
Gifford
Cockburn-
spath
Fast Castle
St. Abb's Head
Abbey
Yester
Castle
St. Bathans
Eyemouth
Garvald
Duns Castle
Preston
Duns
Chirnside
emill
hirlstane
astle
Greenlaw
Earlston
Gordon
Cold-
stream
Berwick-
upon-Tweed
Mellerstain
House
rose
Ednam
Dryburgh
Abbey
Floors
Castle
Kelso
St. Boswells
9
Milfield
Wooler
Ancroft
Holy Island
(Lindisfarne)
A1
Belford
Bamburgh
30
edburgh
urgh
bey
A68
Camptown
815
Wooperton
Eglingham
Northumberland
Alnwick
Lesbury
Border
26
Byrness
Harbottle
Thropton
Netherton
Warkworth
Amble-
by-the-Sea
Felton
Foot
National
Rothbury
Otterburn
Forest
34
Kielder Res.
North Tyne
Ridsdale
A696
Cambo
Ashing-
ton
Newbiggin-
by-the-Sea
Park
Morpeth
34
Bedlington
Blyth
Park
Belsay
Seaton Delaval
Once
Brewed
Housesteads
Fort
Chollerford
NEWCASTLE-
UPON-TYNE
A1
Whitley Bay
Tynemouth
Vindolanda
A69
Chesters
Fort
Corstopitum
Corbridge
Prudhoe
Jarrow
South Shields
Hexham
Gateshead
SUNDERLAND
S. Tyne
bley
Whitfield
Stanley
Washington
NGLAND
Alston
Consett
Lanchester
Chester-
le-Street
A19
Seaham
Houghton-
le-Spring
Cowshill
Derwent

22

23

24

Bergen
Stavang...

0   15 km
© MERIAN-Kartographie
N

Kartenregister

Zeichenerklärung
○ Orte
△ Kap, Insel
▲ Gebirge
∞ Landschaft
~ Gewässer, Strand
★ Sehenswürdigkeit

Orts- und Sachregister

Wird ein Begriff mehrfach aufgeführt, verweist
die **fett** gedruckte Zahl auf die Hauptnennung,
eine *kursive* Zahl auf ein Foto.
Abkürzungen:
Hotel [H]
Restaurant [R]

Entdecken Sie die ganze Welt von MERIAN *live!*

Liebe Leserinnen und Leser,

vielen Dank, dass Sie sich für einen Titel aus unserer Reihe MERIAN *live!* entschieden haben. Wir freuen uns, Ihre Meinung zu diesem Reiseführer zu erfahren. Bitte schreiben Sie uns an merian-live@travel-house-media.de, wenn Sie Berichtigungen und Ergänzungen haben – und natürlich auch, wenn Ihnen etwas ganz besonders gefällt.

Alle Angaben in diesem Reiseführer sind gewissenhaft geprüft. Preise, Öffnungszeiten usw. können sich aber schnell ändern. Für eventuelle Fehler übernimmt der Verlag keine Haftung.

© **2012 TRAVEL HOUSE MEDIA GmbH, München**
MERIAN ist eine eingetragene Marke der GANSKE VERLAGSGRUPPE.

1. Auflage

Alle Rechte vorbehalten. Nachdruck, auch auszugsweise, sowie die Verbreitung durch Film, Funk, Fernsehen und Internet, durch fotomechanische Wiedergabe, Tonträger und Datenverarbeitungssysteme jeglicher Art nur mit schriftlicher Genehmigung des Verlages.

BEI INTERESSE AN DIGITALEN DATEN AUS DER MERIAN-KARTOGRAPHIE:
kartographie@travel-house-media.de

BEI INTERESSE AN ANZEIGENSCHALTUNG:
KV Kommunalverlag GmbH & Co KG
MediaCenterMünchen
Tel. 0 89/92 80 96 44
winzer@kommunal-verlag.de

TRAVEL HOUSE MEDIA
Postfach 86 03 66
81630 München
merian-live@travel-house-media.de
www.merian.de

PROGRAMMLEITUNG
Dr. Stefan Rieß
REDAKTION
Anne-Katrin Scheiter
LEKTORAT
Rosemarie Elsner
BILDREDAKTION
Lisa Grau
SCHLUSSREDAKTION
Ulla Thomsen
SATZ/TECHNISCHE PRODUKTION
h3a GmbH, München
REIHENGESTALTUNG
Independent Medien Design,
Elke Irnstetter, Mathias Frisch
KARTEN
Gecko-Publishing GmbH
für MERIAN-Kartographie
DRUCK UND BUCHBINDERISCHE VERARBEITUNG
Stürtz Mediendienstleistungen, Würzburg
GEDRUCKT AUF
Eurobulk von der Papier Union

Ein Unternehmen der
GANSKE VERLAGSGRUPPE

MIX
Papier aus verantwortungsvollen Quellen
FSC® C043954

BILDNACHWEIS
Titelbild (Pipe Band in schottischen Kilts), dpa Picture-Alliance: H. Schmidt
Alamy: C. Lloyd 61, Rough Guides 37, Scottish Viewpoint 46 • Arco Images: Camera-botanica 16 • Bildagentur Huber: M. Carassale 39, Kaos02 49, T. Mackie 74, M. Rellini 84/85 • dpa Picture-Alliance: H. Melchert 92/93 • F1online: Bowman 56 • G. Hänel 20, 22, 30, 33, 51 • G. Lengler 35 • Imago: Imagebroker 19 • Laif: Arcticphoto/Alexander 71, A. Artz 14, G. Haenel 94, R. Harscher 2, hemis.fr/D. Caviglia 4, hemis.fr/B. Rieger 10/11, 69, H. Krinitz 64, 76, 90, J. Modrow 87 • Mauritius Images/Alamy 12, 26, 59, 63, 66 • Schapowalow: R. Harding 41 • Shutterstock: Artashes 44, D. Woods 28/29 • The Gleneagles Hotel 9 Mitte, 24 • Vario Images: RHPL 79